Para

com votos de paz.

DIVALDO FRANCO
PELO ESPÍRITO
JOANNA DE ÂNGELIS

LIBERTAÇÃO DO SOFRIMENTO

SALVADOR
2. ed. – 2023

COPYRIGHT © (2008)
CENTRO ESPÍRITA CAMINHO DA REDENÇÃO
Rua Jayme Vieira Lima, 104
Pau da Lima, Salvador, BA.
CEP 412350-000
SITE: https://mansaodocaminho.com.br
EDIÇÃO: 2. ed. (2ª reimpressão) – 2023
TIRAGEM: 1.000 exemplares (milheiro: 17.500)
COORDENAÇÃO EDITORIAL
Lívia Maria C. Sousa

REVISÃO
Adriano Ferreira • Lívia Maria C. Sousa
CAPA
Cláudio Urpia
MONTAGEM DE CAPA
Ailton Bosco
EDITORAÇÃO ELETRÔNICA
Lívia Maria C. Sousa
COEDIÇÃO E PUBLICAÇÃO
Instituto Beneficente Boa Nova

PRODUÇÃO GRÁFICA
LIVRARIA ESPÍRITA ALVORADA EDITORA – LEAL
E-mail: editora.leal@cecr.com.br

DISTRIBUIÇÃO
INSTITUTO BENEFICENTE BOA NOVA
Av. Porto Ferreira, 1031, Parque Iracema. CEP 15809-020
Catanduva-SP.
Contatos: (17) 3531-4444 | (17) 99777-7413 (WhatsApp)
E-mail: boanova@boanova.net
Vendas on-line: https://www.livrarialeal.com.br

Dados Internacionais de Catalogação na Publicação (CIP)
(Catalogação na fonte)
BIBLIOTECA JOANNA DE ÂNGELIS

F825   FRANCO, Divaldo Pereira. (1927)

        Libertação do sofrimento. 2. ed. / Pelo Espírito Joanna de Ângelis
        [psicografado por] Divaldo Pereira Franco. Salvador: LEAL, 2023.
        200 p.
        ISBN: 978-85-8266-135-2

        1. Espiritismo 2. Psicografia 3. Reflexões morais
        I. Franco, Divaldo II. Título

                                                        CDD: 133.93

Bibliotecária responsável: Maria Suely de Castro Martins – CRB-5/509

DIREITOS RESERVADOS: todos os direitos de reprodução, cópia, comunicação ao público e exploração econômica desta obra estão reservados, única e exclusivamente, para o Centro Espírita Caminho da Redenção. Proibida a sua reprodução parcial ou total, por qualquer meio, sem expressa autorização, nos termos da Lei 9.610/98.
Impresso no Brasil | Presita en Brazilo

SUMÁRIO

	Libertação do sofrimento	7
	Súplica à Mãe Santíssima	13
1	Heroísmo incomparável	17
2	Efeitos da fé religiosa	23
3	A crença em Deus	29
4	Indiferença espiritual	35
5	Curas aparentes e curas reais	41
6	Mente e vida	47
7	A presença de Jesus	53
8	Hábitos mentais	59
9	A fatalidade da morte	65
10	Jesus: estrela de primeira grandeza!	71
11	Comportamento adequado	77
12	Momento grave	83

13	A grandeza do amor	89
14	Respeito à juventude	95
15	A nobre sinfonia do serviço	101
16	Educação e vida	107
17	Viver com estoicismo	113
18	Os valores de alta significação	119
19	Automatismo do bem	125
20	Conquistando a humildade	131
21	As raízes	137
22	A felicidade possível	143
23	As lutas abençoadas	149
24	Reflexões sobre Deus	155
25	Tolerância e conivência	161
26	Imortalidade: triunfo do Espírito	167
27	Relacionamentos espirituais	173
28	Opulência material e degradação moral	179
29	Jesus e o Espírito do mal	185
30	Enquanto é oportuno	191

LIBERTAÇÃO DO SOFRIMENTO

O ser humano é essencialmente constituído por Espírito, perispírito e matéria, quando na vilegiatura terrestre.

O Espírito é imortal, desde o momento em que é criado por Deus. É protegido por um delicado envoltório semimaterial, por cujo intermédio interage com a matéria, nela imprimindo tudo quanto se faz necessário ao seu processo de evolução. A matéria é o instrumento indispensável ao desenvolvimento dos valores que lhe dormem em germe, através das sucessivas reencarnações.

A Terra constitui-lhe, desse modo, um sublime educandário, no qual exercita as aptidões de amor e de conhecimento, a fim de elevar-se, libertando-se dos atavismos decorrentes das experiências anteriores por onde transitou, na sua condição de ser imortal, vivenciando as diferentes fases – mineral, vegetal, animal –, culminando no estágio hominal, a fim de rumar para outras superiores categorias como anjo, arcanjo, potestade...

Na falta de símiles terrestres convencionais para dar ideia da escala evolutiva, recordamos que se trata de uma conquista ilimitada, porquanto aguarda-o a eternidade do tempo e do espaço...

A experiência educativa da reencarnação objetiva equipar o Espírito, desde as suas primeiras experiências, com os instrumentos hábeis para a sublimação adquirida a esforço pessoal, embora o *deotropismo* e os fatores de auxílio que o Divino Amor coloca ao seu alcance.

Enquanto emerge das fases mais ásperas, é semelhante ao diamante que é arrancado da grosseira ganga onde a sucessão dos milhões de séculos trabalhou em favor da sua consolidação.

Logo depois, a pedra bruta necessita do buril para a lapidação que a despedaça, de forma a apresentar-lhe a beleza oculta, que refletirá a gloriosa claridade em brilho incomum.

Nesse educandário que lhe está destinado, o Espírito encontra todos os elementos indispensáveis ao crescimento interior, como o infante que é amparado no grupo maternal, depois na creche, passando aos diferentes níveis da grade escolar, onde descobre o mundo e a vida, tornando-se membro consciente da sociedade na qual está convidado a crescer e a ser útil.

À medida que adquire discernimento e conhecimento, lucidez e consciência, granjeia mais amplas possibilidades culturais, descobrindo a excelência dos valores morais em que se deve sustentar, a fim de encontrar a felicidade, que lhe passa a constituir meta prioritária.

Quando erra, dispõe da oportunidade de repetir a experiência até fixá-la corretamente, descobrindo que o conhecimento é infinito, portanto, quase inalcançável, pelo menos, em breve período de tempo...

Libertação do sofrimento

Mesmo quando terminado o currículo acadêmico, abrem-se-lhe novos desafios culturais e morais, a fim de continuar atualizando-se mediante a pós-graduação, o mestrado, o doutorado, pesquisando e estudando sempre.

A mãe Terra é, portanto, o berço generoso por onde todos os Espíritos que se lhe vinculam ascendem a outros mundos mais felizes, após as conquistas que lhes são propiciadas.

Por tratar-se de um *planeta de provações e de expiações,* na sua programação evolutiva ainda predomina o sofrimento que se manifesta de variadas formas, convidando o aprendiz à mudança de atitudes em relação ao seu processo de crescimento.

Em todos os períodos, mesmo naqueles mais primitivos, jamais faltaram orientações e guias para contribuir em favor da sua ascensão, superando as fases mais difíceis, porque ainda distantes da razão e do sentimento.

À medida, no entanto, que foram surgindo as possibilidades de melhor entender as Leis da Vida, missionários do amor e do esclarecimento renasceram ao seu lado, despertando-lhe as aspirações para a beleza, para o bem, para a harmonia.

Depois dos estágios de muitos apóstolos da sabedoria, veio Jesus pessoalmente demonstrar que o sofrimento é opção decorrente da ignorância e do primarismo, resumindo todos os códigos até então revelados na vivência do amor, oceano onde todas as *águas* revoltas se acalmam, desaparecendo a sua impetuosidade desastrosa...

Entendendo, porém, que não havia maturidade espiritual naqueles ouvintes nem possibilidades de entendimento na cultura vigente, acenou a possibilidade de encontrar-se a felicidade, mediante a promessa de enviar em Seu nome

O Consolador, que viria repetir-Lhe os nobres ensinamentos, que seriam olvidados, confundidos, adulterados pela astúcia das mentes perversas, como realmente ocorreu, de forma que mais facilmente se pudesse compreender a transitoriedade terrena e a perenidade da vida após o decesso tumular.

Quando a cultura rompeu em grande parte os véus da ignorância em predomínio, e a Ciência, apoiando-se na nascente tecnologia, de modo a dispor de equipamentos para melhor entender o mundo e os seres que o habitam, em pleno século XIX, *O Consolador* surgiu na grande Revelação Espírita, com que o egrégio codificador Allan Kardec, sob a inspiração do Mestre de Nazaré, desvelou os postulados básicos da realidade espiritual, ensejando uma doutrina científica, filosófica e ético-moral de consequências religiosas.

Fundamentando a Justiça Divina em a reencarnação, graças aos mecanismos sublimes do determinismo e do livre-arbítrio, o sofrimento passou a ser considerado como um processo de crescimento moral, mediante o qual cada um é responsável pelo que lhe ocorre, favorecendo o entendimento da vida com a esperança e a alegria de viver.

O que antes constituía uma absurda punição divina passou a ser um instrumento educacional a que cada qual faz jus conforme o próprio comportamento.

Graças a essa visão psicológica otimista, o sofrimento é um método pedagógico transitório próprio do planeta terrestre, que desaparecerá quando os Espíritos que o habitam se renovarem, respeitando os recursos naturais e morais que vigem em toda parte.

Ninguém se encontra no mundo para sofrer, e pode libertar-se dessa afligente constrição, quando optando pela obediência aos códigos que regem o destino do Universo, não sendo, portanto, a Terra, uma exceção.

Libertação do sofrimento

A libertação do sofrimento é de fácil conquista, bastando somente a iluminação do aprendiz e a sua contribuição em favor da harmonia pessoal que se expande na geral.

❖

A existência humana em o planeta terrestre tem a finalidade de contribuir em favor da conquista do *numinoso*, desse estado de luz perene e mirífica acenada pelo Evangelho de Jesus, que é a *Luz do mundo*.

Manter a consciência da transitoriedade carnal, do compromisso firmado antes do berço, no Mundo espiritual, a respeito do esforço pela transformação moral para melhor, constitui o grande desafio que todos se devem empenhar por conseguir na condição de valioso empreendimento iluminativo.

Apesar dos percalços e das dificuldades de o indivíduo manter-se em equilíbrio num mundo em convulsão, dominado pela violência dos Espíritos primários, que estão tendo a oportunidade de renovar-se, reencarnando-se, durante esta grande transição moral do planeta, aquele que encontrou Jesus dispõe dos melhores recursos da coragem e da alegria para os enfrentamentos e, com a contribuição ímpar do Espiritismo, resolver todos os problemas com a mente lúcida e o sentimento pacificado.

❖

Reunimos, neste modesto livro, trinta temas de atualidade, enfocando-os mediante os incomparáveis postulados do Evangelho e do Espiritismo, que são tratados de psicoterapia preventiva e curadora para todos os males humanos.

Encaminhamos os nossos conceitos aos queridos leitores que já se acostumaram com as nossas dissertações, a todos eles agradecida, mas também a todos aqueles que, de alguma forma, buscam informações compatíveis com as suas necessidades evolutivas, na solução dos problemas e sofrimentos que os afligem.

Formulando votos de paz e de plenitude, sou a servidora humílima e devotada de sempre.

Paramirim, 24 de julho de 2008.

JOANNA DE ÂNGELIS

SÚPLICA À MÃE SANTÍSSIMA

Senhora:
Eis-nos de retorno aos caminhos luminosos apresentados pelo vosso Filho Jesus há quase dois mil anos: fé e irrestrita confiança em Deus, amor ao próximo como a si mesmo e entrega total à caridade, sem a qual não há salvação.

Há muito tempo planejamos seguir a trilha libertadora, mas, distraídos pelas ilusões, seguimos rumos diferentes e angustiantes.

Hoje, porém, depois de vivenciadas inomináveis angústias, estamos de volta ao rebanho daquele que é o Caminho da Verdade e da Vida.

Sabemos que, enquanto o mundo moderno estertora sob os camartelos do ódio e da insensatez que o ser humano criou para si mesmo, velais, Senhora, por esses filhos aturdidos que vos foram confiados na cruz...

O pranto, na Terra, avoluma-se assustadoramente nos olhos aflitos que perdem lentamente a faculdade de ver com claridade, ao tempo em que a revolta domina a orgulhosa cultura que a civilização elaborou ao longo dos milênios, ante as ameaças de extinção que se vêm impondo alucinadamente...

Os horrores da violência, do crime e das guerras individuais, coletivas e internacionais, tomam conta das sociedades, demonstrando a quase nulidade das gloriosas conquistas da Ciência, do pensamento, da tecnologia...

As mulheres e os homens encontram-se assinalados pelo desencanto, fugindo na direção dos prazeres a que se entregam insensatamente, porque se perderam no báratro das próprias necessidades, que não têm sabido discernir, quais as que são relevantes em relação às secundárias e sem importância.

O orgulho impera e a indiferença pelo destino das demais criaturas caracteriza estes dias de ansiedade, de medo e de solidão.

É certo que existem doações de amor e de sacrifício, lutas de redenção e trabalhos dignificadores em quase toda parte, não, porém, o suficiente para a construção do Reino de Deus nos corações.

Em razão dos sofrimentos que campeiam, rogamos, Senhora, que derrameis a luz do discernimento e a paz dos sentimentos nas existências desavoradas, informando que, enquanto o amor de Jesus permanecer, não se apagará das mentes nem dos corações a presença da esperança.

Intercedei por todos aqueles que se deixaram enregelar pelo ódio, endurecer-se pelos desencantos e frustrações, a fim de que a sociedade descubra o seu rumo de segurança.

Ontem, aqui semeastes o amor, a caridade e o perdão, enquanto Roma perseguia e assassinava os discípulos do vosso Filho.

As perseguições, no entanto, ainda prosseguem, temerárias e perversas. Não mais praticadas pelo império dos Césares, dominado pela volúpia do poder mentiroso que ruiu, como tudo quanto é transitório no mundo, substituídas pelo materialismo e pela crueldade.

Naqueles dias já passados, eram os de fora da grei que crucificavam, martirizavam e matavam os seguidores do vosso Filho.

Hoje são os próprios discípulos que se disputam primazias e infelicitam os que são fiéis aos postulados de amor, com os quais eles não concordam...

Tende compaixão, Mãe Amantíssima de todos nós, e ajudai-nos a ser fiéis até o fim, sem reclamações nem desânimo, servindo incansavelmente, certos de que, na etapa final, poderemos ver e ouvir o vosso Filho, informando-nos:

– Vinde a mim, servidores fiéis, eu vos tenho aguardado em paz.

1

HEROÍSMO INCOMPARÁVEL

Nunca será demais considerar a coragem da fé que caracteriza as mulheres e os homens que abraçam as causas nobres em favor da Humanidade.

Encontram-se em todos os campos que facultam o progresso: nas ciências, nas artes, na filosofia, nas pesquisas mais variadas, nas religiões, na política, no serviço social, no exercício das diversas profissões, destacando-se pela superioridade moral com que se comportam e enfrentam tanto os desafios como as incompreensões que os afligem.

Portadores de ânimo superior, nunca desistem dos objetivos que agasalham, jamais desanimando na ação, mesmo quando tudo parece estar contra eles, permanecendo atentos ao menor sinal de simpatia para conquistarem adeptos para os ideais de que são portadores.

Afadigam-se até a exaustão, mas não se queixam, nem mesmo quando os resultados não se apresentam formosos quanto esperavam, sabendo que tudo aquilo que hoje não seja logrado é por falta de ensejo, prosseguindo na expectativa dos dias melhores de amanhã.

Reconhecem a própria pequenez diante da grandeza do objetivo que devem alcançar e, por isso, não se jactam, nem se inflam de presunção, suportando altas cargas de sofrimentos internos sem queixumes nem lamentações.

Fascinados e convictos do dever que lhes cabe desenvolver, são amparados pelas Forças do Bem em toda parte, o que lhes constitui recurso indispensável para o prosseguimento do serviço a que se entregam.

Uns, com aparência frágil, adquirem incomum resistência nas refregas diárias, continuando robustos na confiança em Deus.

Outros, destituídos de beleza física e de cultura intelectual, renovam-se na oração e na persistência no trabalho, sendo inspirados e conduzidos pelos Mensageiros da Luz que os amparam com carinho, continuamente.

Diversos, tímidos e simples, repentinamente alteram o comportamento e são capazes de suportar as circunstâncias mais severas, sobrepondo-se às situações mais adversas, sem perderem a alegria de viver ou diminuírem o entusiasmo na ação.

Quando humilhados, sorriem de contentamento, porque sabem estar sendo depurados de velhas cargas morais perturbadoras, em preparação para situações mais vantajosas.

Se combatidos, não se perturbam, porquanto não valorizam as opiniões dos dissidentes do amor nem dos invejosos do caminho, ou mesmo as dos sistemáticos adversários de tudo quanto não é apresentado por eles.

Ridicularizados pelas mentes vazias de conteúdo cultural e ricas de ideias presunçosas, mais seguros se reconhecem a respeito da tarefa que devem realizar.

Em todas as situações encontram motivo para o prosseguimento do labor, fixados no futuro que os aguarda, mantendo a certeza de que lograrão os resultados perseguidos.

Esses idealistas e servidores incansáveis são os obreiros de Jesus em todos os campos de ação humana, laborando em favor da felicidade geral.

Podem ser reconhecidos pelas condecorações que trazem ocultas no sentimento: as cicatrizes das injúrias e perfídias, das agressões e perseguições contínuas que vêm suportando com estoicismo.

Sabem perdoar e entender os outros, nunca se impondo, nem se intrometendo naquilo que lhes não diz respeito, por serem fiéis ao seu dever, que não postergam nem renunciam por nada.

São os heróis do bem, entregues a Deus e cuidados por Jesus.

❖

Especialmente são encontrados nos combates espirituais da fé religiosa, sofrendo infâmias e vivenciando testemunhos grandiosos que mais os dignificam.

Não nos referimos àqueles que o fanatismo devora, desejando impor as suas convicções à força, distantes da solidariedade, do amor e da lídima fraternidade, mas a todos quantos, fascinados por Jesus e Sua doutrina, trabalham pela sua vivência no mundo, o que modifica as estruturas da sociedade inquieta e atormentada, facultando as experiências de paz entre todos os seus membros e ensejando a felicidade geral.

Os cristãos primitivos, que renunciavam a todas as comodidades desde o momento em que eram tocados no coração pelo Mestre, são exemplos dignos de ser recordados, porquanto aqueles tempos denominados apostólicos ainda não terminaram.

Alteraram-se as circunstâncias, modificaram-se as estruturas e comportamentos sociais, no entanto, permanecem os mesmos conflitos e lutas internas quanto externas no cerne das criaturas, que jornadeiam aturdidas, sem segurança interior, sem respeito quase pela vida...

Esses vanguardeiros do porvir estão atentos ao serviço de socorro a todos quantos têm sede de compreensão, de amizade, de orientação, de paz...

Procuram promover o progresso moral e social dos grupos humanos, dedicados à caridade que socorre as necessidades imediatas, mas especialmente aquela que ilumina por dentro, anulando toda treva de ignorância e perversidade...

Em algumas ocasiões parecem deslocados no contexto em que se movimentam, porque os seus interesses diferem daqueles padronizados pelo egoísmo e pela prepotência, distantes do poder temporal e das competições danosas por lugares de destaque.

Noutras circunstâncias, são tachados de ingênuos, quando não de idiotas, por renunciarem prazerosamente aos engodos terrestres, perseguindo o que os inimigos denominam como fantasias ou utopias...

A sua convivência, no entanto, é agradável e salutar, em face dos temas que abordam, da maneira como se comportam, dos ideais que sustentam.

Ignorados, não se perturbam, continuando na lavoura da esperança.

Bajulados, não se entusiasmam, prosseguindo na simplicidade a que se entregam.

São verdadeiros heróis do amor, porque sabem eleger o que é de melhor, tudo quanto merece consideração, em detrimento daquilo que somente significa ilusão.

Na dor, suportam o fardo com resignada coragem.

Na saúde, conduzem-se com disciplina, a fim de prolongar os dias da existência terrestre.

Vivem momentos de angústia que procuram superar, experienciam situações perturbadoras que lhes chegam em forma de provas necessárias, mas não perdem o rumo por onde seguem.

Não estão preocupados com os aplausos nem com a gratidão dos indivíduos ou das massas, porque se interessam pelo bem de todos, o que lhes é realmente importante.

Silenciam o mal e alardeiam o bem, demonstrando as vantagens do amor e da alegria, da solidão com Deus, em vez do júbilo embriagador com os festeiros que estão fugindo de si mesmos.

Esses heróis multiplicam-se, embora não sejam muito percebidos, nem citados na mídia devoradora, nas rodas sociais, nos grupos de empolgados pelo vício...

⁙

Foram eles que melhoraram a Terra, que transformam o mundo, que dignificam a existência de bilhões de seres, renovando as estruturas do pensamento e as condições humanas.

São eles que constituem os *pilotis* do mundo novo de harmonia.

Serão eles os abridores de caminhos seguros para o porvir.

Tiveram, têm e terão como modelo Jesus, o Herói Incomparável, a quem oferecem a existência e de quem recebem as orientações e forças.

Se puderes, imita-os, e encontrarás sentido para a tua jornada atual.

2

EFEITOS DA FÉ RELIGIOSA

Invariavelmente, os adversários das religiões, sejam materialistas, agnósticos ou não, sempre se reportam aos inconvenientes das crenças de que são portadoras, relacionando os crimes hediondos praticados pela maioria delas através dos tempos e justificando a sua animosidade em relação a elas.

De fato, em uma análise imparcial, o expressivo número de guerras ocorridas no mundo, direta ou indiretamente, possuía suas raízes fincadas em terrenos religiosos, tornando-se responsável pela crueldade inimaginável.

Em outras ocasiões, embora se estivesse vivendo períodos de paz, as perseguições sistemáticas de umas contra as outras mantiveram estados desesperadores que se prolongaram por séculos contínuos, distantes de qualquer forma de compaixão ou de misericórdia entre os seus adeptos.

O fanatismo de que davam mostra os seus profitentes sempre se expressou de maneira perversa e iníqua, fazendo que o terror dominasse as vidas, inspirando delações injustas, acusações mentirosas, denúncias covardes, compensadas com os haveres daquelas vítimas que lhes tombavam na indignidade.

Os ódios dividiam as famílias e levantavam barreiras que dificilmente podiam ser transpostas, mantendo princípios absurdos que serviam de sustentação à intolerância e ao ressentimento.

Direcionado, muitas vezes, para raças inteiras, jamais permitiam que os indivíduos fossem vistos e considerados como criaturas humanas, assinalados pela hereditariedade que os fazia cúmplices dos demais, embora portassem sentimentos antagônicos aos dos seus coevos e ancestrais.

Esse sentimento de rancor era transferido de uma para outra geração e mantido com o mesmo ardor, como se nunca fosse permitida a reabilitação ou mudança de conduta pelo grupo e a nação a que pertencessem.

Nada obstante, esse comportamento é lamentavelmente do ser humano e não da crença religiosa que ele professa.

Existe a mesma conduta em relação à política, quando as paixões exacerbadas definem um como outro regime que consideram melhor, dando lugar aos mais terríveis e sanguinários combates, que estarrecem a lógica e a razão.

As divisões partidárias, as oligarquias, os impérios, os reinados, os ducados, os sistemas de governos capitalistas, comunistas, fascistas, nazistas, ditatoriais, democráticos conduzem nos seus comportamentos crimes hediondos de toda espécie, trágicas lições de horror, de destruições e de mortes incontáveis.

As lutas de classe respondem por outros tantos terríveis flagelos impostos à sociedade, que ainda não conseguiu alcançar o clima de paz e de direitos igualitários para todos os seus membros.

O sistemático desprezo de umas por outras raças, tidas como inferiores, tem promovido insanas guerras que se iniciam nas etnias ainda atrasadas da África até as cidades cultas e famosas do denominado Primeiro Mundo.

Tudo isso ocorre porque o ser humano é belicoso e, na sua inferioridade, permite o predomínio da *natureza animal em detrimento da natureza espiritual,* impondo sempre o seu sentimento egoico a prejuízo da solidariedade que deveria viger em todos os segmentos da Humanidade.

A intolerância religiosa, portanto, não é da doutrina e sim do seu adepto, daquele indivíduo que se deseja impor, atormentado pelos conflitos insuportáveis que o tornam revel.

Todas as religiões, salvadas raras exceções, predicam a imortalidade do Espírito, a Justiça Divina, o amor, a renovação moral dos seres humanos, o progresso pessoal...

Nada obstante, a inferioridade moral dos seus seguidores exalta-os, levando-os aos delírios da fascinação, com que investem contra os demais que têm na conta de inimigos.

Não tem procedência, portanto, a justificação acusatória dos ateístas, dos materialistas, dos inimigos da fé religiosa...

❖

Como realmente existem os enfermos morais que fazem das religiões trampolins para alcançar os seus fins mórbidos, multiplicam-se de maneira expressiva aqueloutros que, nas religiões, encontraram o suporte e o estímulo para a abnegação, o sacrifício, a renúncia e o trabalho em favor da sociedade.

Desfilam, através da História, os notáveis construtores do progresso e da cultura, da ética e da moral, dos direitos humanos e dos valores dignificantes, que encontraram nas religiões que professavam a inspiração e a força para se dedicarem ao bem do seu próximo e à não violência, que serve de base para a vigência do amor entre as demais criaturas.

Todos eles, nas mais diferentes escolas de fé, são responsáveis pelas mais belas construções de fraternidade, de iluminação de consciências, de coragem, que a muitos conduziu ao martírio cantando hosanas aos Céus, sem queixas nem reclamações...

Muitos deles dedicaram-se às artes, ao pensamento filosófico, às investigações da ciência, à política, à cultura em geral, mas principalmente ao humanismo e ao humanitarismo, tornando-se modelos de bondade, de persistência nas realizações edificantes, de sacrifício, dominados por grandiosa compaixão pelo seu próximo.

Graças ao Iluminismo, no século XVIII, logo depois, à Revolução Francesa, que confundia os interesses dos reis com as imposições da Igreja romana, interessados em sua própria promoção e dominação da sociedade, fez surgir o grande ressentimento contra ambos, havendo tentado exterminá-los através dos mesmos métodos perversos que condenavam...

Iniciada pelos filósofos e idealistas da liberdade de consciência, de pensamento, de comportamento, não escapou aos loucos *dias do Terror* nem aos assassinatos em massa, através da arma de Joseph-Ignace Guillotin, que também terminou como sua vítima...

As religiões são caminhos que devem conduzir o crente à paz e à felicidade, utilizando-se da metodologia do amor e da compaixão, a fim de serem superadas as más inclinações e induzi-lo ao autoconhecimento, de forma a compreender os limites que o caracterizam e as notáveis possibilidades de crescimento que estão à sua frente.

O processo de evolução moral é muito lento, facultando ao Espírito a libertação das paixões inferiores, a pouco e pouco, jamais de um para outro momento.

É compreensível, portanto, que os processos transformadores para melhor apresentem-se assinalados pelas marcas do passado, embora as conquistas edificantes realizadas posteriormente.

Não se pode, dessa forma, condenar o ideal de qualquer procedência pela conduta daqueles que o abraçam. É certo que o seu comportamento nobre falaria mais alto do que as suas palavras, demonstrando a excelência da doutrina esposada. No entanto, os hábitos ancestrais infelizes, que lhes predominam no cerne do ser, respondem pelas inditosas atitudes de que se fazem portadores.

De igual maneira, encontramos em todas as profissões homens e mulheres que as dignificam, enquanto outros as denigrem, embora sejam nobres e relevantes para a sociedade.

Desse modo, as justificativas apresentadas pelos adversários das doutrinas religiosas não são sustentáveis.

❖

Quem se detenha a ler apenas o *Sermão da Montanha*, dar-se-á conta da proposta de Jesus às criaturas humanas, iniciando a Era de amor e de paz, de perdão e de misericórdia, de humildade e de compreensão, de esperança e de caridade. No entanto, o que têm feito muitos religiosos, nos últimos vinte séculos, a respeito desses postulados incomparáveis?

Qualquer religião experienciada com respeito e dignidade faculta à criatura o encontro consigo mesma, com o seu próximo e com Deus.

A fé religiosa, pois, é luz na escuridão, é medicamento na enfermidade, é caminho de segurança no labirinto das incertezas.

Vivê-la com sentimento de fraternidade para com todas as criaturas é o dever de todo crente que despertou para a Vida imortal.

3

A CRENÇA EM DEUS

Deus encontra-se tão profundamente entranhado no ser humano, que dificilmente ele pode afastar-se da Sua presença.

Criado *simples e ignorante,* o Espírito carrega no íntimo o Psiquismo Divino que o originou, a fim de fazê-lo desenvolver-se até atingir a glória celeste que lhe está destinada.

A crença em Deus é, portanto, um fenômeno natural, *genético,* de que ninguém se pode considerar destituído.

Manifesto em toda a Sua obra, o Pai Criador antecede-a e sucedê-la-á, quando venham a ocorrer as alterações e *término dos ciclos* que constituem a relatividade dos tempos...

Atribuir-se tudo quanto existe, na sua harmonia e ordem, como resultante do acaso, é conceder-lhe uma superinteligência que soube organizar e manter o Universo conforme o conhecemos.

Ademais, considerar-se que o *Evolucionismo* consegue explicar em toda a sua complexidade o *milagre* da vida, sem a necessidade do *Criacionismo* ou da presença de um Autor, é oferecer-lhe uma transcendência que se assemelha à própria Divindade.

Duas alternativas, pois, confrontam-se em antagonismo, que é mais resultante da interpretação de conteúdos do que de legitimidade factual, podendo ser solucionado o impasse através da associação de ambas as teorias.

O Psiquismo Divino concebeu e elaborou a vida graças a uma programação que se concretizou no processo evolucionista, etapa a etapa, com os intervalos correspondentes ao período da morte, em que o psiquismo prosseguiu experimentando continuidade evolutiva, retornando em formas primitivas que se fizeram cada vez mais complexas, até atingir as expressões superiores nos animais evoluídos, culminando no ser humano.

Essa possibilidade não deve ser descartada, quando se pode constatar *o autógrafo de Deus* no genoma após decodificado, no qual se encontra toda a história dos diversos seres nos seus estranhos códigos responsáveis pelas informações contidas especialmente em cada célula do corpo humano, num conjunto de *três bilhões de letras...*

A fundamentação criacionista de que Deus tudo fez, conforme o relato bíblico do Gênesis 1 e 2, negando a evolução e concedendo ao Universo a jovem idade de apenas 10 mil anos, é bastante ingênua e improcedente, quando as pesquisas mais seguras demonstram que a sua idade é superior a 14 bilhões de anos, a partir do momento da *Grande Explosão...*

Os exageros de alguns religiosos criacionistas chegam a ponto de atribuir ao Universo a idade de apenas 4004 anos antes do nascimento de Cristo, quando Deus o teria criado, conforme concluiu o bispo Ussher, cálculo que resultou das suas pesquisas sobre as notícias genealógicas por ele encontradas em *O Velho Testamento*.

Sob outro aspecto, atribuir às manifestações inorgânicas a possibilidade de se transformarem em orgânicas, adquirindo sensibilidade, instinto, emoção, raciocínio, inteligência, igualmente é uma proposta audaciosa, que se apresenta mergulhada em lacunas e em mutações inexplicáveis dentro da visão exclusivamente darwinista, que passou a ser considerada materialista.

A harmonização das duas correntes de pensamento faculta a possibilidade real da manifestação do psiquismo, que também evolve com a complexidade das moléculas através das quais se manifesta.

Nessa identificação, a crença em Deus, sem o desprezo pelo fenômeno do evolucionismo, torna-se perfeitamente natural, concebendo-se que Ele próprio estabeleceu esse processo como o mais adequado para a ocorrência da vida na Terra, conforme a conhecemos.

❖

Sir Isaac Newton, o admirado cientista inglês que descobriu a *Lei da Gravitação Universal,* era portador de fé religiosa expressiva, que o levou a escrever mais sobre interpretações de textos bíblicos e religiosos do que científicos.

Galileu, descobrindo três das luas de Júpiter e optando pelo heliocentrismo, que constatou com observações demoradas através do telescópio que construiu, manteve por todo o tempo a sua fé em Deus e na Sua intervenção na Criação, mesmo quando perseguido pela Inquisição e outros adversários...

Nicolau Copérnico, que igualmente descobriu o sistema heliocêntrico, manteve inabalável a sua fé em Deus, sem cuja ação o Universo não poderia ter surgido.

Mais recentemente, *Sir* James Jeans, o respeitado astrofísico inglês, confessou o seu teísmo e a sua concepção em torno do Espírito com valor e convicção científica.

Inúmeros estudiosos da genética e da física quântica, assim como de algumas das neurociências e da biologia molecular, cientistas-médicos e cosmonautas, declaram-se teístas, mantendo comportamento religioso e vinculando-se a algumas das existentes doutrinas espiritualistas...

Na sua aceitação de Deus, não descartam a Sua interferência no *Evolucionismo,* como parte da sua programação desde o início.

Ao conceber e realizar os primeiros pródromos da vida, igualmente organizou o processo evolucionista, a fim de que, procedentes da mesma matriz, as expressões variadas crescessem, logrando o objetivo por Ele estabelecido, todas derivadas do mesmo germe.

Trata-se de uma conceituação perfeitamente lógica e real, porquanto somente Ele tem o poder de propiciar o *hálito vital,* retirando do nada as primeiras vibrações que constituíram as complexas organizações moleculares, de onde se originaram os micro-organismos, bases estruturais de todas as formas conhecidas.

Essa paternidade original propicia a fraternidade que deve existir entre todas as espécies e formas de vida, ensejando a solidariedade necessária para a sobrevivência geral sob os impositivos dos fatores mesológicos, filogenéticos, as mutações, as adaptações e o desenvolvimento das potencialidades que lhes jazem adormecidas...

A própria Divindade, dotando o ser humano de inteligência, faculta-lhe penetrar nas Leis que governam a vida,

9

A FATALIDADE DA MORTE

Dor alguma é comparável àquela que surge após a desencarnação de um ser querido.
Ceifando a alegria de viver de quem fica no corpo, assinala profundamente os sentimentos de amor, deixando vigorosas marcas no campo emocional.

A morte, no entanto, é uma fatalidade inevitável, e todos aqueles que se encontram vivos no corpo, em momento próprio, dele serão arrebatados.

Nada obstante esse conhecimento, as criaturas transitam no corpo como se ele devesse durar para sempre, não se interrompendo o fluxo da energia, não se decompondo, não sofrendo modificações através do tempo, não sucumbindo à inevitável desconexão celular.

Impregnando-se da matéria orgânica, o Espírito adormece relativamente, olvidando o Grande Lar de onde procede, e intoxicando-se, de alguma forma, nos fluidos que sustentam a indumentária fisiológica.

A cultura e a convivência social, caracterizadas pelo utilitarismo, desde cedo infundem no ser necessidades que não são legítimas, criando condicionamentos que dizem respeito apenas ao prazer, em grave equívoco em torno dos objetivos da existência terrestre.

Por outro lado, as religiões tradicionais e muitas outras denominações evangélicas, preocupadas com o mundo, descuidam-se do lado espiritual da jornada terrestre, estimulando os seus fiéis à conquista dos valores enganosos dessa viagem, distantes dos compromissos libertadores da imortalidade.

Anteriormente, sem compreenderem o significado da renúncia e da abnegação, os religiosos, dominados por doentio fanatismo, propunham o *ódio ao mundo,* favorecendo terríveis cilícios e mortificações desnecessárias, mediante os quais se pretendia *castigar o corpo,* libertando o Espírito.

A ignorância e a soberba de muitos teólogos e pastores religiosos desrespeitavam o amor, para afirmarem as determinações em nome do Deus terror, punitivo e cruel, que se impunha mediante as vergastadas da aflição desmedida nas criaturas que O buscavam.

Suplícios injustificáveis eram impostos àqueles que desejavam a plenitude, a perfeita integração no Seu amor, tornando-os amargos, distantes, indiferentes, alienados...

Imposições perversas eram apresentadas como salutares para a purificação, para a libertação do pecado, que se encontrava mais na imaginação doentia desses líderes religiosos do que propriamente na conduta infeliz e sofredora dos candidatos ao aperfeiçoamento.

À medida, porém, que a cultura substituiu a superstição e o conhecimento abriu campo para as investigações acerca do ser psicológico, essas práticas absurdas caíram em descrédito, tornando-se detestáveis e dignas de abominação.

Surgiram então novas propostas salvacionistas, organizadas de maneira a seduzir os ambiciosos, que pretendem o Reino dos Céus mediante a conquista dos tesouros da Terra, permitindo-se a lavagem cerebral que lhes proporciona a fuga da realidade para as fantasias de ocasião, vestidas de fortuna, poder, destaque na comunidade, sem nenhuma estruturação emocional para a vida depois da morte.

Essa é tida como algo muito remoto de acontecer, ficando para posterior análise quando o tempo permitir.

Simultaneamente, a indiferença pela vida espiritual vem tomando corpo na sociedade, com exceções, naturalmente, dando margem a vivências religiosas perfeitamente integradas no contexto da conduta materialista de ocasião.

Reflexiona em torno da vida e da morte.

Não serás exceção ante o inexorável fenômeno da desencarnação.

Dedica alguns minutos diários para pensar na transitoriedade da vida física.

Aqueles com os quais convives são bênçãos para o teu crescimento espiritual: familiares e amigos, adversários e perseguidores são companheiros da imortalidade, momentaneamente vestidos de carne, com os quais tens compromissos de fraternidade e de amor.

Cuida de viver com eles em clima de saúde espiritual e de paz, aproveitando cada instante para aprimorar os sentimentos fraternos, promovendo-os e promovendo-te, afeiçoando-te e liberando-te, porque chegará o momento em que te separarás do seu convívio físico.

Assim agindo, enfrentarás melhor o momento da desencarnação, quando algum deles antecipar-te na viagem de retorno à Pátria espiritual.

Saberás envolvê-lo em lembranças felizes, de forma que se sinta amado e agradecido pelo tempo em que esteve contigo na vilegiatura carnal.

Por tua vez, se fores aquele que deverá despojar-se da matéria em primeiro lugar, estarás em paz de consciência e em condições de avançar no rumo da imortalidade, rico de alegria pelos deveres que foram cumpridos, pelos labores executados, pelo conhecimento adquirido, que insculpirás no âmago do ser.

Nunca te rebeles com a presença da morte no teu caminho evolutivo.

Trata-se de benfeitora nobre que contribui eficazmente para o desenvolvimento espiritual de todas as criaturas.

Ela interrompe o curso longo do sofrimento, concedendo libertação àquele que se encontrava agrilhoado à dor.

Às vezes conduz alguém saudável, deixando outrem enfermo, no entanto, há razões ponderáveis para que assim aconteça.

Num momento, arrebata um ancião querido, que vem experimentando terríveis angústias e acerbas dores, o que representa grande misericórdia. Noutro, porém, tomará pelas mãos alguém na infância ou na juventude louçã, produzindo frustração e angústia no grupo familiar. Todavia, cumpre com o dever de renovar a sociedade e as criaturas, ensejando a todos as mesmas oportunidades de aprendizado e de evolução.

Desfruta, então, da convivência com os seres queridos, vivendo cada momento como se fosse o último no corpo, destituído da visão dolorosa da separação.

Voltarás a relacionar-te com aqueles que fazem parte da tua agenda de afetividade. Eles não desaparecerão do teu

Libertação do sofrimento

círculo, porquanto estarão inscritos como membros da tua família espiritual. Por isso, não se encontram ao teu lado por acaso, por circunstância não prevista pela Divindade.

Quando se adquire a consciência perfeita dos valores terrenos e daqueles espirituais, pode-se viver com mais alegria e intensidade, em face da certeza de que nada se destrói, nem os amores deixam de existir somente porque se romperam os laços materiais.

A fim de que possas fruir do verdadeiro amor daqueles aos quais te afeiçoas, cuida de crescer interiormente, acendendo a luz da sabedoria no imo e permitindo que ela derrame claridade em tua volta.

Quanto mais estejas iluminado, melhor poderás ajudar e libertar os teus afetos que, por qualquer razão, permaneçam na escuridão de si mesmos, na perturbação defluente das paixões e dos enganos que se permitiram.

Desse modo, tem em mente que a morte é instrumento de vida e jamais de extermínio, como alguns infelizmente a consideram.

Toda a Doutrina de Jesus, rica de amor e de sabedoria, perderia o seu sentido e o seu profundo significado psicológico, se tendo ocorrido a Sua morte não houvesse, logo depois, a Sua gloriosa ressurreição.

Assim também acontecerá contigo e com todos aqueles que fazem parte dos teus relacionamentos, bons ou maus, porquanto eles ressuscitarão.

Vive, pois, confiante em Deus, e cresce espiritualmente, a fim de que, no momento da tua morte, logo comece a tua ressurreição em triunfo.

10

JESUS: ESTRELA DE PRIMEIRA GRANDEZA!

Aqueles dias eram semelhantes aos atuais. Os valores éticos encontravam-se pervertidos pelo poder temporal dos dominadores transitórios do mundo.

A sociedade estorcegava nas aflições decorrentes da prepotência de uns, da perversidade de outros, da ignorância da grande maioria.

Louvava-se a força em detrimento da razão.

Cantavam-se hinos à glória terrestre com desprezo pelos códigos morais propiciadores de dignidade.

As criaturas submetiam-se às injunções das circunstâncias, tentando sobreviver à tirania dos governantes que mudavam de nome e prosseguiam com as mesmas crueldades.

Saía-se de um para outro regime de ignomínia e insânia com a mesma naturalidade.

Tudo era lícito, desde que apoiado na governança arbitrária que se impunha.

O monstro das guerras contínuas devorava os povos mais fracos, que eram submetidos à escravidão e à morte.

A traição e a infâmia davam-se as mãos em festival de hediondez.

Embora Roma homenageasse os artistas, os poetas, os filósofos que iluminavam o *século de Otaviano,* prestigiava com destaque os espetáculos sórdidos a que se atiravam o patriciado e o povo, sedentos de prazer e de loucuras.

Os seus domínios estendiam-se por quase todo o mundo conhecido, embora temida e detestada.

As suas legiões estavam assentadas nas mais diferentes regiões da Terra, esmagando vidas e destruindo esperanças.

O Sol nunca brilhava no planeta sem que estivesse iluminando uma possessão do império invencível.

Havia grandeza em toda parte e miséria abundante ao seu lado, competindo vergonhosamente.

※

Mas hoje também é assim.

As glórias da inteligência e do conhecimento, da ciência e da tecnologia confraternizam com a decadência da moral e dos valores de enobrecimento humano.

O terrorismo e a guerra encontram-se por toda parte, destruindo vidas e civilizações.

O planeta, aquecido e desrespeitado, agoniza, experimentando a própria destruição imposta pelos seus habitantes insensatos, embora poderosos...

Os idealistas que amam e os apóstolos do bem que trabalham pela renovação da sociedade, quando não desconsiderados, são tidos por dementes e alucinados.

Enquanto isso, a soberba, a mediocridade, a astúcia tomam conta das multidões que desvairam, impondo os seus códigos de valores perversos que logo são aceitos pelas legiões de criaturas sem norte, destituídas de consciência moral.

Libertação do sofrimento

Há também, é certo, almas grandiosas que lutam com acendrado amor e sacrifício, a fim de modificar as ocorrências danosas, tentando implantar novos significados psicológicos direcionados à felicidade, mas que são insuficientes para vencer os múltiplos segmentos da sociedade em desconcerto.

Admira-se o bem, mas se pratica o mal.

Preconiza-se a saúde e estabelecem-se programas de desequilíbrio emocional, geradores das doenças de vário porte.

O futuro glorioso, decantado pelas conquistas invulgares da modernidade, está sombreado pelo medo, aturdido pela ansiedade e caracterizado pela solidão dos indivíduos que constituem a mole humana.

Naqueles dias difíceis, na Palestina sofrida e submetida às paixões de César e aos caprichos de Herodes, o Grande, nasceu Jesus.

Estrela de Primeira Grandeza que é, Jesus surgiu na noite das estúpidas e escuras ambições dos povos, para iluminar as consciências e despertar os sentimentos de humanidade, como dádiva de Deus respondendo às súplicas dos humilhados e esquecidos.

Passaram-se os tempos, foram sucedidos os criminosos de então por outros não menos odientos, e, apesar disso, Sua luminosidade permanece até hoje.

❖

É certo que outros homens e mulheres, tão infelizes quanto aqueles do Seu tempo, procuraram dominar o mundo utilizando-se da Sua claridade, mas, desequilibrados, produziram mais trevas e aumentaram os volumes de dor.

O carro inexorável do tempo continuou a sua marcha, avançando na direção de outros períodos, enquanto os apaniguados do mal, que se apresentaram nos espetáculos de luz, sucumbiram, vencidos pelos tormentos que escondiam nos tecidos da própria crueldade.

Ainda reina muita sombra na Terra. Mas amanhece dia novo.

A grande transição de *mundo de provas e de expiações* para *mundo de regeneração,* embora ainda assinale a presença do sofrimento e da desordem, do desrespeito pela vida e pela mãe Terra, caracteriza a chegada de uma Nova Era, impossível de ser detida.

O bem triunfará, sem qualquer dúvida, sobre o mal.

A Verdade vencerá a mentira onde quer que se homizie.

A vida sobrepõe-se à morte, e a espiritualidade, por fim, reinará entre todos.

Conforme sucedeu naqueles dias, Jesus encontra-se novamente entre as Suas criaturas, repetindo a sinfonia das *Bem-aventuranças,* conclamando as massas ao despertamento, antes que se agravem as circunstâncias e ocorrências não desejadas.

O *Consolador* que Ele prometera já veio e vence, com segurança, as barreiras impostas pela tirania e pelos indivíduos orgulhosos, vazios de sentimentos nobres, conquistando os corações e oferecendo-lhes esperanças de alegrias infindas.

Travam-se lutas acerbas em toda parte.

Os argonautas do amor nada temem e multiplicam-se sob a inspiração do Mestre, avançando, estoicos, no cumprimento do dever: renovar a Humanidade através da própria transformação moral, que a todos permite neles ver a mensagem luminosa.

Sem dúvida, ainda predominam as trevas ameaçadoras, que a Estrela de Primeira Grandeza vem diluindo de maneira compassiva e misericordiosa.

※

Faze a tua parte, sem preocupação com o trabalho dos outros.

Desincumbe-te do teu dever ante a consciência, servindo ao *Consolador,* mesmo que te encontres incompreendido e crucificado nas traves invisíveis da perversidade dos áulicos do egoísmo e dos seus servos.

No próximo Natal, entoa o teu hino de amor, ajudando o teu próximo, em memória da Estrela que veio à Terra, para que não mais permaneça a sombra.

Será ideal que todos os dias da tua vida sejam uma homenagem ao Aniversariante esquecido, mas triunfante da maldade humana e da morte que Lhe foi imposta, demonstrando que Ele prossegue contigo edificando o mundo melhor, sem *excluídos* nem *abandonados à própria sorte*, porque estará com eles, por teu intermédio, amando-os com enternecimento e carinho.

11

COMPORTAMENTO ADEQUADO

Um dos primeiros e mais imediatos efeitos da crença nos postulados espíritas é aquele que diz respeito ao comportamento adequado de quem recebe na mente e no coração a doutrina iluminativa.

O Espiritismo, favorecendo a inteligência com o conhecimento a respeito da imortalidade da alma, da sua comunicabilidade com os desencarnados, da reencarnação e da Justiça Divina, propondo a ética-moral do Cristo, lança mirífica luz nas sombras da ignorância, assim contribuindo para o entendimento lógico da finalidade superior da existência corporal.

De imediato, propicia a responsabilidade consciente em torno do comportamento que deve ser idêntico aos ensinamentos que caracterizam a nova postura mental e doutrinária que se permite.

A necessidade de alterar a conduta para melhor, lapidando o caráter, corrigindo os sentimentos, orientando as emoções para torná-las saudáveis, é o resultado inevitável da aceitação dos ensinos oferecidos por Jesus e pelos Espíritos excelsos que n'Ele se encontram exarados.

Não se torna factível a preservação dos hábitos enfermiços a que anteriormente se acostumou o indivíduo, agora transformando as diretrizes morais da mensagem libertadora em adorno verbal ou vestimenta intelectual para debates vigorosos de efeitos nulos.

Quando a luz se propaga, derrama claridade na área por onde passa, eliminando as sombras antes dominadoras.

A luz do conhecimento, de equivalente maneira, tem o poder de diluir as densas trevas do orgulho e da presunção, do autoritarismo e da ganância que predominam no ser humano, como filhos diletos do egoísmo inferior que deve ser combatido com tenacidade. Qualquer anuência aos seus caprichos dá-lhe vitalidade para continuar soberano nas paisagens emocionais, gerando problemas e dificultando a conquista do equilíbrio espiritual.

Graças ao exercício contínuo de renovação a que deve submeter a mente e o sentimento, o adepto do Espiritismo, quando realmente sincero, modifica os hábitos doentios que se tem permitido, ao tempo em que, vigilante, trabalha as tendências negativas, canalizando-as para o novo comportamento a que se deve submeter.

Sucede, porém, que, passado o deslumbramento inicial, em decorrência do encontro com a lucidez e a profundidade da Doutrina, instalam-se-lhe, de forma incoerente, a rotina e a acomodação, em grande olvido ao dever sagrado de trabalhar a renovação espiritual que lhe cabe executar.

Não se pode adaptar a revolução espiritual que a mensagem imortalista proporciona ao crente ao ritmo anterior a que se acostumara, sem que se apresentem na conduta os sinais típicos dos esclarecimentos colhidos, alterando-lhe completamente a estrutura emocional.

Libertação do sofrimento

A responsabilidade de quem assim se conduz é muito grande, porque desmente através dos atos a excelência da fé que afirma esposar.

A função primordial do pensamento espírita é trabalhar pela felicidade íntima da criatura que se conscientiza do novo estágio evolutivo que se lhe desenha na mente, modificando-lhe completamente a visão acerca da existência terrena, em relação à vida exuberante que se lhe encontra ao alcance.

A incorporação dos ensinamentos doutrinários à vida torna o candidato mais dócil, menos prepotente, simples de coração, cordato e manso, amigo e solidário em relação aos demais.

Não é fácil essa operação transformadora, em face do predomínio das heranças perturbadoras do passado que devem ser superadas. Assim não fosse, qual o mérito que se encontraria na adoção dos seus nobres postulados?

Asseverou o mestre Allan Kardec que *reconhece-se o verdadeiro espírita pela sua transformação moral e pelos esforços que emprega para domar suas inclinações más.*[1]

❖

Insculpe no imo do ser as gemas sublimes do amor e da caridade, e deixa que elas te dulcifiquem o coração, ensejando-te o comportamento espírita que te fará diferente no meio social em que te movimentas.

Luta contra as tendências inferiores que te emparedam na arrogância e na agressividade, abrindo brechas no seu emaranhado sufocante, a fim de que se te instalem no

---

[1] *O Evangelho segundo o Espiritismo*, de Allan Kardec – Cap. XVII, item 4 – 121ª edição da FEB (nota da autora espiritual).

sentimento a bondade e a cordura que te tornarão afável e gentil.

Vigia as *nascentes do coração de onde procedem* as perturbações e os anseios de plenitude, refrigerando-te com a água lustral da piedade e da afeição direcionadas ao próximo, assim, abrindo-te as portas da caridade para com todos aqueles que encontres pelo caminho.

Compadece-te sempre dos companheiros que te não compreendem e até se fazem teus perseguidores, animado pelo espírito de misericórdia e de tolerância, que te transformará em amigo dos teus inimigos.

Liberta-te da indumentária asfixiante dos desejos mórbidos, facultando-te a alegria de viver com simplicidade e harmonia, que te ensejará a oportunidade de demonstrar a força do querer pelo prazer de seres melhor.

Enseja-te a convivência amiga com os *filhos do Calvário,* reflexionando que poderias ser um daqueles necessitados, enquanto te encontras em patamar menos aflitivo, refletindo a fraternidade que deve viger entre todas as criaturas.

Torna-te ponte de socorro para os infelizes, em vez de permaneceres como parede impeditiva à captação da verdade que liberta, assim, favorecendo-te com a bênção dos júbilos por ensejares felicidade aos outros.

Sai do teu castelo egoísta, no qual tu e os teus são os únicos merecedores de cuidados, passando a servir mais, desse modo, constituindo-te exemplo de renúncia e de abnegação para todos.

Gasta-te, como o combustível da luz, a fim de que haja claridade no caminho por onde segues, propiciando aos que vêm depois a facilidade do trânsito no rumo da sua gloriosa destinação.

Libertação do sofrimento

Nunca te esqueças que desencarnarás a sós, conforme és interiormente, despertando além do corpo material com os tesouros aos quais deste valor, e não com as aspirações que acalentaste, mas não conseguiste transformar em comportamento digno quanto libertador das mazelas.

O Espiritismo é doutrina de dignificação humana; por isso mesmo, não se compadece da inferioridade moral que permanece ultrajante naqueles que se permitem a reflexão em torno dos seus nobres postulados.

Esclarecendo com segurança as incógnitas existenciais, propõe de maneira fácil e rápida a compreensão de que todas têm sua razão de ser, necessitando somente de conhecer-se-lhes o mecanismo em que se estruturam e a forma como se apresentam, dessa maneira, transformando-as em recurso benéfico para quem lhe penetrar a intimidade.

Não se pode, portanto, compreender a aceitação das lições espíritas sem a sua correspondente vivência, num comportamento adequado às suas propostas iluminativas.

※

No fascínio que Jesus exercia sobre todos os que O acompanhavam, merece considerar-se que os Seus atos sempre confirmavam as palavras de amor, misericórdia e sabedoria que enunciou durante todo o Seu apostolado.

Vive, portanto, de acordo com as diretrizes da Doutrina Espírita, e a tua existência se transformará em senda sublime que facultará aos outros caminhantes tíbios e inexperientes que vêm depois de ti trilhá-las com segurança e felicidade.

12

MOMENTO GRAVE

Adensam-se as sombras da ignorância, em forma de crueldade e loucura, na grande noite moral da atualidade.

A criatura humana encontra-se aturdida, parecendo ignorar os rumos do equilíbrio que se lhe encontram à frente.

Discussões inúteis e agressões contínuas formam o cardápio do comportamento social, e a violência resultante das incompreensões torna as comunidades terrestres verdadeiras *praças de guerra* não declarada.

A suspeita e o ódio dão-se as mãos, os disparates assumem cidadania, envenenando os sentimentos e distorcendo as mais simples informações ou comentários, mesmo quando objetivando resultados edificantes.

A psicosfera que toma conta do globo apresenta-se tóxica, podendo levar o indivíduo que a aspira a descalabros inimagináveis, em razão das cargas vibratórias da insensatez e da perversidade.

As mentes humanas desavisadas, fascinadas pelo prazer dos sentidos, anelam somente pelo gozo incessante, distanciando-se dos ideais de dignificação moral incompatíveis com as tormentosas paixões em que se comprazem.

Revelando o primitivismo que lhes predomina em a natureza espiritual, sintonizam com outras, as desencarnadas, do mesmo teor, confundindo os sentimentos, que se desnorteiam, sem a identificação de quem procede...

Por consequência, de maneira funesta aumentam as cargas de aflição sobre a debilitada economia moral da sociedade, que cambaleia exausta, quase sem definição de caminho a seguir.

A volúpia pelo consumismo absorve a maioria dos indivíduos, como mecanismo de fuga para os enfrentamentos, e o vazio existencial atira esses desditosos invigilantes aos transtornos depressivos, à síndrome do pânico e outros, ao tempo em que os assinala com fortes processos para a instalação de doenças degenerativas no futuro...

A insatisfação campeia alucinada, e se lhe entregam, inermes, os abastados e os carentes, porque, infelizmente, perderam os objetivos espirituais da reencarnação.

O desentendimento em torno das questões relevantes generaliza-se, e cada criatura acredita-se portadora da resposta única, da verdade, sem conceder ao outro o direito de pensar, de assumir comportamento diferente do que lhe receita, embora pregando o direito à liberdade.

Lamentavelmente, muitos outros que têm sido alertados pela fé religiosa estorcegam em incertezas, consideram-se frustrados por não se haverem entregado ao banquete da futilidade ou participado do festival das ilusões.

Há uma significativa malversação do tempo e dos valores ético-morais, que poderiam e deveriam ser utilizados de forma significativa para melhor, construindo a paz e a fraternidade entre todos.

Momentos difíceis são estes, ricos de facilidades para o prazer artificial e pobres de harmonia e de alegria de viver.

Ocorre que, embora se multipliquem as denominações religiosas no mundo, é o materialismo o grande campeão que triunfa sobre as almas fragilizadas e atormentadas.

Maldisfarçados os anseios terrenos, eles conseguem sobrenadar na torrente volumosa das aparentes doutrinas morais e religiosas, por sua incapacidade espiritual de serem mais vigorosos os objetivos doutrinários.

Habituados ao comércio com Deus, não conseguem vê-lO como o Pai amoroso e sábio que a tudo prevê e provê, abrindo os cofres da Sua sabedoria para o enriquecimento de luz e de paz dos filhos queridos.

Urgentes, desse modo, fazem-se uma revisão de conceitos espirituais e uma releitura lúcida e lógica dos postulados que definem a fé religiosa.

※

O mundo físico é escola de aprendizagem intelectual e de evolução moral.

Transitório, por mais sólidas e duradouras pareçam as suas construções, modifica-se a cada instante, demonstrando a sua contínua alteração estrutural.

Tudo se transforma na face do planeta, sob todos os aspectos considerados.

Essa incessante transformação funciona como a saída do ser humano dos abismos *da sombra na direção da Grande Luz.*

Nada obstante, as ambições desenfreadas que dominam incontáveis deles trabalham pela preservação da noite moral, gerando desconforto e aflição, particularmente quando se avizinha o *mundo de regeneração.*

Não sejam, portanto, de estranhar os conflitos e as angústias deste período, porque os últimos estertores agônicos da loucura dominante propõem-se a ameaçar a estabilidade do bem que logo mais se instalará no planeta.

A felicidade real é a grande meta; os prazeres fictícios, rápidos e desgastantes são os engodos a que se permitem os atormentados que não sabem fruir de paz e de legítima alegria interior.

Por isso, há a aparente vitória dos maus, o desbordar do cinismo e do sexo em desalinho, a perda do pudor, a avalanche da vulgaridade, em tentativas inúteis de superação dos bons costumes, dos nobres sentimentos do amor e da verdade.

Não há, portanto, por que temer-se a luta inevitável que se instala com rapidez nos arraiais terrestres. Dela sairão vitoriosos os valores dignificantes, os serviços libertadores, as realizações nobres, as propostas da felicidade sem jaça.

O mal, por mais volumoso e dominador, é sempre transitório, como ocorre com a treva densa que um raio de luz devora com claridade.

Todo o empenho, portanto, deve ser aplicado em favor do aproveitamento das horas, com a mente fixa na expressão transitória do mundo físico e na certeza do triunfo do mundo causal.

O Grande Lar ou Mundo Original, de onde todos procedem, merece reflexões contínuas, de forma a oferecer a certeza da sua realidade, aguardando pelos transeuntes dos fenômenos orgânicos...

Nesse sentido, a análise sobre o significado dos valores que interessam na sua relatividade ou na sua expressão perene deve fazer parte das reflexões de cada hora, a fim de serem vivenciados com segurança.

Constatando-se de igual maneira a constituição orgânica sujeita a incessantes transformações e ao fenômeno biológico da morte, logo se adquire estabilidade emocional e valorização do que é legítimo em relação àquilo que é falso.

Torna-se fácil, dessa maneira, a programação existencial, familiar, social, espiritual, tendo-se em vista que, de um para outro momento, interrompe-se o ciclo vital e a desencarnação transfere o viajante para a outra dimensão, a definitiva...

Eis a diretriz segura para a conquista da harmonia pessoal, para a aquisição dos objetivos superiores e de realização interior plenificadora.

Este momento, portanto, grave e afligente, pode modificar-se para melhor, tão logo os homens e as mulheres optem pela alternativa da paz e da felicidade que lhes está reservada.

⁙

Se pretendes o júbilo de uma existência feliz, aspira ao bem e luta pelo conseguir.

Vigia as *nascentes do coração,* para que não te iludas com a aparência, avançando no rumo da realidade.

Elabora o teu programa de autoiluminação, colocando na tua chama íntima o vigoroso combustível do amor, e serás claridade na grande noite.

Recorda-te sempre de Jesus e segue-Lhe as lições afetuosas, tornando-te senda de bênçãos para aqueles que perderam o rumo...

Este é o teu momento de alterar o comportamento para a tua glória estelar.

13

A GRANDEZA DO AMOR

Nunca, antes de Jesus, o amor alcançara a qualidade de que se reveste, nem fora propagado como recurso de valor inestimável para a vida.

Na legislação de todos os povos, desde a origem da sociedade terrestre, sempre houve a preocupação de estabelecerem-se códigos de respeito aos senhores, aos líderes de quaisquer expressões, com total submissão aos poderosos.

Severos e destituídos de misericórdia, impunham punições compatíveis com a gravidade do delito, e, às vezes, maiores, tornando-se cruéis, como ainda hoje infelizmente sucede em muitas nações atrasadas ou consideradas desenvolvidas, tecnologicamente avançadas...

Quando se sentindo agredido, o cidadão normalmente abandona a roupagem exterior da educação social e age com tão elevado grau de insensibilidade emocional, que repugna à razão, tornando-se verdadeiro déspota nos períodos de guerra ou de quaisquer outros conflitos, nos quais os seus interesses egoísticos se encontrem em jogo.

Os servos, os camponeses, o povo em geral, os sofredores e miseráveis sempre ficaram à margem, relegados ao abandono, longe de qualquer compaixão ou misericórdia dos dominadores.

Utilizados para os serviços mais sórdidos ou encaminhados aos crimes mais hediondos, permaneceram desprezados por séculos sucessivos... e quase até hoje.

Desde Moisés a João, o *batista,* todos os profetas e condutores do povo dito *eleito por Deus* usavam do respeito pelo seu coetâneo e do ódio em relação àqueles que se poderiam transformar em possíveis adversários quando surgissem ocasiões imprevisíveis...

Ocasionalmente tratavam bem ao estrangeiro, não lhe permitindo, porém, uma real integração na sua sociedade fechada e rica de privilégios.

O gentio era sempre malvisto pelos *filhos de Deus* que, nesse conceito, não é Pai das demais criaturas...

Noutros povos do Oriente, de igual maneira, os sentimentos eram equivalentes, variando entre a justiça parcial e acomodada aos deveres imediatos, quase sempre sem os correspondentes direitos de que todos devem desfrutar...

Gregos e romanos, decantando a própria cultura, na filosofia e na ética, na estética e na moral, na arte e na política, nos jogos e nas guerras, não difeririam muito dos orientais que, em algumas vezes, apresentavam-se-lhes na condição de modelos a serem seguidos em razão da sua ancianidade.

Mesmo Sócrates, alcançando o elevado patamar da sapiência, exaltou a liberdade de pensamento e de ação, a moral, os deveres para com a sociedade, para com a pátria, em relação à sobrevivência espiritual, sem maior preocupação com o amor na sua profundidade extraordinária...

Platão e Aristóteles, seu discípulo respeitável, filosofaram com sabedoria, reflexionando com nobreza, mas não se afervorando ao amor capaz de dignificar a vida e libertar o ser humano em torno das suas mais grandiosas necessidades...

Libertação do sofrimento

Os romanos, por sua vez, fizeram-se os *deuses das guerras,* e seus filósofos sempre exaltaram os seus feitos, embora os estoicos se transformassem em lições vivas de respeito ao sofrimento, com exceção de Sêneca, aos 65 anos, após escrever com beleza incomum diversas obras humanas, admiráveis, suicidando-se vergonhosamente...

As culturas e civilizações sucederam-se como camadas de areia que se acumularam sob a ação dos ventos das experiências evolutivas, sem que fosse estabelecido o primado do amor, como de essencial significado para a iluminação do ser humano, os seus relacionamentos sociais, equacionando as dificuldades que davam lugar às guerras lamentáveis, orientando para o valioso recurso da solidariedade e da fraternidade que devem sempre viger entre todos.

Israel, naqueles dias, respirava ódio, suspeitas fundadas e não justificadas, traição, aparentemente *abandonado* por Deus, como ocorrera no passado, durante a servidão no Egito e na Babilônia ou nos períodos em que esteve seviciado por outros povos que lhe atravessaram as fronteiras frágeis...

Nesse clima espiritual de ódio e de opressão, nasceu Jesus, e se iniciou com Ele a era do amor, demonstrando que a sua força muda a direção moral do planeta e dos seus habitantes, sem a necessidade da agressividade, do crime, da astúcia e da morte...

Erguendo-se na montanha, exaltou, como jamais ocorrera antes nem volveria a acontecer outra vez, os pobres e os oprimidos, os fracos e os miseráveis, os perseguidos e os mansos, desde que se resolvessem por abraçar a justiça, o bem, o amor, nas inolvidáveis estrofes da sinfonia das *Bem--aventuranças.*

Nessa ocasião, o amor de Deus alcançou as multidões que se sentiam desprezadas e esquecidas, e a Sua voz salmodiou com esperanças e consolações através de Jesus, em favor de todos aqueles que eram tidos como rebotalhos, sendo que alguns deles nem sequer constavam nas anotações do *Livro dos Vivos*...

Não se tratava, porém, de um amor piegas ou exaltado, mas de um sentimento de ternura infinita e de solidariedade incessante, de forma que desaparecesse a distância que os separava dos demais cidadãos respeitáveis, dos *eleitos* por Deus...

Não se concentrou apenas nessa diretriz, indo mais além, conclamando respeito e afeto pelos inimigos, malfeitores, perseguidores, dando origem a uma visão psicológica especial jamais dantes percebida.

Nesse amor aos ingratos e perversos, aos insanos pela inveja e insensatos, Jesus demonstrou a excelência do sentimento que felicita aquele que o possui, tornando-o realmente feliz, embora sendo a vítima, e por isso mesmo.

O inimigo é um enfermo da alma, é alguém perdido em si mesmo, que não se respeita e, por esta razão, detesta-se, incapaz de vencer a mesquinhez em que se refugia e a inferioridade moral de que se dá conta, transferindo essa desdita para outrem, aquele que lhe é melhor, que considera acima do seu patamar evolutivo, comprazendo-se em malsiná-lo, infelicitá-lo, seguindo-o com fúria animal...

Bem compreendido e amado, o inimigo torna-se um benfeitor daquele que lhe padece a insânia.

Primeiro, porque se faz mecanismo de resgate dos erros transatos cometidos contra a vida, que lhe pesam negativamente na economia moral-espiritual. Em segundo lugar, por saber que o adversário vigia-o, segue-o, destila vibrações deletérias na sua direção, que somente assimila se entrar em sintonia com elas, revidando-as com igual sentimento.

Assim vigiado, ouve a catilinária das acusações que lhe são feitas e averigua a sua legitimidade ou não, retificando-se naquilo que mereça correção e não considerando o que seja destituído de fundamento.

Sem afligir-se com a injustiça, alegra-se por poder compreender o estágio em que o inimigo se encontra e as razões por que o persegue.

O amor aos criminosos é de alta magnitude pelo sentido de compaixão de que se faz acompanhar, refrigerando a alma que o preserva.

Teste valioso de autodescobrimento, coroa os esforços íntimos em favor da paz e da felicidade de todos, começando pelo adversário.

Ninguém antes concedeu ao amor a glória que merece, por ser a alma do Universo no pulsar do Pensamento Divino, senão Jesus.

Vinculando todos os seres sencientes, o amor expande-se na direção de todas as coisas, mesmo as inertes, ensejando alegria de viver e razões para lutar.

Pela sua extraordinária qualidade moral, Jesus viveu-o e fez-se o *Amor não amado*, que nunca cessa de amar.

Tenta, portanto, o amor, em qualquer situação, quando falhem as outras técnicas de comportamento, e nunca mais deixarás que ele esmaeça em tua mente e no teu coração.

14

RESPEITO À JUVENTUDE

Em comovedora missiva, o apóstolo Paulo dirigiu-se a um jovem a quem amava como a um filho, recomendando-lhe, conforme Timóteo I, capítulo quatro, versículo 12: *Ninguém despreze a tua mocidade, mas te torna o exemplo dos fiéis na palavra, no procedimento, no amor, na fé e na pureza...*

Orientação paternal, sem dúvida, que ainda ressoa na atualidade como a melhor conduta para as novas gerações.

Quando parece haver uma conspiração orquestrada pela mídia perversa, para orientar o jovem na direção da desagregação da personalidade, mediante o consumo degradante de drogas alucinantes, do sexo sem dignidade, do álcool e do tabaco, em fuga espetacular da realidade para os desvãos da loucura, a mensagem de Paulo tem urgência para ser aplicada pelos pais e educadores em relação às mentes juvenis.

Destituídos de discernimento, ainda vivendo as fantasias que lhes são oferecidas, os moços têm sede de prazer, estimulados pelo desenvolvimento da libido em pleno despertar, não possuindo maturidade para selecionar o que deve daquilo que não pode fazer, ou o que pode mas não deve realizar, sentem-se arrebatados pelas atrações falaciosas, comprometendo o organismo nos momentâneos gozos de que logo mais se arrependerão.

Embora se apresente como de demorado curso, o gozo que se renova mediante sensações diversas, cada qual mais perturbadora, não consegue ir além do tempo de consumpção das energias, da vitalidade e das forças juvenis...

Logo surgem o cansaço, o enfado, a insatisfação, que buscam soluções em novos experimentos enganosos a se multiplicarem nos ambientes de perversão dos sentimentos.

Enfermidades variadas, transtornos de conduta, desequilíbrios mentais, dependências trágicas das substâncias viciosas consomem a alegria e a esperança de viver, mergulhando-os em abismos de insensatez e de sofrimento.

Envelhecidos prematuramente, apelam para receitas mágicas que lhes facultem o prosseguimento da insânia, mais se comprometendo e sucumbindo, por fim, em tragédias ocultas ou bombásticas, conforme o nível socioeconômico em que se encontram.

É lamentável a aplicação das forças juvenis nos encantamentos perigosos da atualidade referta de sonhos fantásticos e de realidade dolorosa.

Dando largas aos instintos primitivos e não domados, permitem que se exteriorizem a agressividade e a violência, o desrespeito a todos os valores éticos e morais, a volúpia em favor da anarquia e da desintegração das leis que equilibram a sociedade, transformando a Terra num palco de hediondez, onde desfilam os poderosos que zombam dos fracos que os sustentam, abrindo brechas para as reações do ódio, da infâmia e da vingança...

Libertação do sofrimento

A educação das novas gerações é de emergência, desde que os pais comprometam-se a dignificar a prole, renunciando às frustrações que os levam a competir com os filhos nas conquistas nefastas do sexo, da projeção social doentia, dos *quinze minutos sob os holofotes,* como ironicamente se referem os *multiplicadores de opiniões...*

Se é deplorável o desconcerto do adulto, muito mais o é quando instalado naqueles que ainda não vivenciaram a experiência carnal, não tendo tido oportunidade de amealhar os valores que os consagrariam, facultando-lhes a felicidade.

Muitas responsabilidades têm os pais e educadores em geral, com as exceções perfeitamente compreensíveis, na ocorrência da desagregação juvenil.

Vivendo conduta materialista, embora alguns se vinculem a denominações religiosas, sem que possuam qualquer tipo de religiosidade, a sua é igualmente a meta do engodo mediante o prazer a que se atiram esfaimados e ansiosos.

Tivessem adquirido uma estrutura moral fortalecida pela fé espiritual de qualquer matiz, que lhes insculpisse a certeza da sobrevivência do Espírito à consumpção da matéria, e outra seria, sem dúvida, a sua conduta, a sua proposta educacional.

Anelando pela Terra, sob o disfarce do Reino dos Céus, não poucos segmentos religiosos ludibriam os incautos, acenando-lhes a plenitude do Espírito a peso de moedas que lhes concederão o poder ambicionado no mundo.

❖

Ei-los, pois, aos bandos, nas pequenas como nas grandes cidades, refazendo tribos, ou formando grupos que se aglutinam pelas afinidades pessoais, agressivos e infelizes, ostentando, no entanto, a máscara do disfarce da alegria.

Confusos e inquietos, inspiram compaixão e solidariedade, tornando-se de difícil acesso, porque já apresentam sinais de transtornos psicológicos, desvios de equilíbrio mental, problemas fisiológicos e desconhecimento ético a respeito dos deveres.

Alguns, cômodos e preguiçosos, evitam, a qualquer preço, o trabalho, exigindo dos pais maior soma de aflições, mantêm-se durante o dia diante da televisão ou do computador, para logo mais, quando as sombras da noite descem, procurarem refúgio nos guetos, onde se aturdem, sob música ensurdecedora, que os impede de pensar, sendo-lhes permitido fazer tudo, desde que seja pago antecipadamente...

O *deus dinheiro* tudo proporciona, tudo facilita, não importando os meios pelos quais seja adquirido, porquanto é destituído de moral e de dignidade.

Em consequência, aumenta o número dos traficantes de drogas – usuários aflitos que delas necessitam a qualquer preço –, dos proxenetas doentes – que exploram jovens masculinos e femininos leviano, que lhes caem nas armadilhas bem urdidas –, dos ídolos sexuais que são substituídos a cada momento – a depender da revista ou da emissora de televisão que os haja elegido –, num consumismo enlouquecedor, sem tempo para qualquer atitude sensata ou de reflexão.

Sai-se de uma para outra festa alucinante, não havendo oportunidade de refazimento de forças, ao tempo em que os endinheirados desperdiçam fortunas em exibições mórbidas da sua extravagância, mais humilhando os miseráveis que os espiam com mágoa sem disfarce e com ódio malcontido...

Os sequestros aumentam terrivelmente, como forma de conseguir-se dinheiro com facilidade, embora os riscos, enquanto autoridades comprometidas com o crime e sem as credenciais moralizadoras que deveriam possuir, a tudo assistem fátuas, arengando soluções que nunca chegam a concretizar-se.

Não se trata de uma análise pessimista, mas realista, do que sucede em relação aos jovens que a vida lhes emprestou – aos pais e aos educadores – e que não têm tido interesse ou consciência de dever em conduzir com segurança e nobreza.

Vale, portanto, recordar-se a lição paternal de Paulo ao filho espiritual Timóteo, para que, preservando a mocidade mediante comportamento morigerado, as boas leituras e as nobres ações, viva o Evangelho com integridade e decisão, a fim de fazer jus à sua eleição para o bem.

⁙

O jovem é depositário de tesouros inexplorados que devem ser aplicados em benefício do seu desenvolvimento intelecto-moral, proporcionando o progresso futuro da Humanidade.

No seu presente, movimentam-se os pés do porvir, que será assinalado pelas suas edificações de hoje, quando ressumarão em forma de consequências inevitáveis.

Todo o esforço, portanto, devem os adultos aplicar, no que diz respeito à orientação das mentes juvenis, demonstrando-lhes, através dos atos, a excelência do comportamento saudável e os gravames que surgem após os compromissos inferiores.

Adotando-se as diretrizes de vida eterna preconizadas por Jesus e revividas pelo apóstolo Paulo, será fácil construir-se uma sociedade feliz e confiante, vencendo-se os impulsos primitivos, superando-se as dificuldades vigentes e experimentando-se alegria de viver sem a usança dos falsos recursos do prazer mentiroso.

Aquele que não desencarnar antes, sendo jovem hoje, seguirá pelos caminhos da senectude com as marcas do comportamento, que o farão desditoso ou pleno conforme se haja conduzido.

15

A NOBRE SINFONIA DO SERVIÇO

A vida, em todos os seus aspectos, é um hino de louvor sinfônico à Divindade.

Para onde quer que se volte o olhar ou se direcione o pensamento, surge, fascinante, a obra de amor do Pai para o engrandecimento das Suas criaturas.

Desde as incomparáveis movimentações das galáxias às micropartículas atraídas pelo núcleo, em incessante movimentação, percebe-se a sabedoria do Criador que se transformou no Excelso Servidor...

Referindo-se-Lhe à grandeza transcendente, Jesus glorificou-O no trabalho, confirmando que Ele prosseguia em ação, tanto quanto o fazia o Filho.

Servir, pois, constitui honra que a evolução intelecto-moral no ser humano encontra para crescer ao ritmo da harmonia cósmica.

Tudo serve sem cessar, contribuindo para o equilíbrio universal.

Houvesse a parada em relação ao serviço e se estabeleceria o caos em toda a parte.

É da ordem do Universo o movimento que equilibra tudo; assim, não há lugar para a estagnação.

Por serviço deve-se entender todo e qualquer esforço edificante que preserve a ordem, que resguarde a vida, que perpetue o desenvolvimento no rumo do infinito...

Quando o ser humano se escusa ao serviço, vegeta, não tendo aprendido a viver, o que lhe representa estacionamento.

A troca de experiências em serviço fraternal constitui recurso que faculta o crescimento espiritual, a iluminação interior.

Todos crescem em direção do Absoluto, ampliando a capacidade de compreender e de agir, de modo a superar os limites momentâneos nos quais se agita.

Quanto mais a inteligência perscruta a extraordinária Obra de Deus, mais se entusiasma com a Lei Moral, que nela vige em perfeita sincronia com as suas múltiplas modulações.

A Natureza, em si mesma, renovando-se, sem cessar, e repetindo-se, eloquente, é uma canção vibrante de serviço ininterrupto.

Morre uma forma para ressurgir noutra. Transforma-se uma aparência, dando lugar a nova maneira de expressar a vida. Tudo se agita e se enriquece sob a batuta divina do cósmico Regente Sinfônico.

O vento que altera a face do orbe, que rasga as rochas e levanta as dunas é o mesmo agente que conduz o pólen delicado da flor, fecundando outra para o prosseguimento do milagre da reprodução.

A água cantante que corre sinuosa e escava o leito do rio, absorvida pelo calor do Sol, retorna em chuva abençoa-

Libertação do sofrimento

da que vivifica o solo crestado e atende a sede em todo lugar onde se encontra dominadora.

A tempestade que devasta revitaliza o ambiente que vergastou, dando-lhe nova beleza e majestade.

Os fenômenos sísmicos aterradores, que surpreendem as criaturas em toda parte, servem de instrumento para o aprimoramento do planeta em transformação para mundo moral mais elevado.

Sempre o serviço de engrandecimento, ensejando vida e perfeição.

O silêncio absoluto e o estacionamento prolongado são decorrência da pobreza de percepção dos sentidos físicos.

Nunca te negues ao serviço, justificando-te como destituído de recursos hábeis que possas utilizar em teu favor.

A formiga diligente e aparentemente desequipada é exemplo incomum de previdência e de serviço incessante.

A abelha laboriosa e quase insignificante, em organização social aprimorada, labora sem fadiga a serviço da colmeia.

O cupim esfaimado e quase desprezível é servidor da vida na sua função específica e infindável.

O mínimo que possuas, põe à disposição da vida, e poderá resultar em muito para quem de nada dispõe.

Sempre és detentor de valiosos recursos que desconsideras, porque ainda não te resolveste pela produção do bem em tua existência.

Utiliza-os, e vê-los-ás multiplicar-se em tesouro de alto significado que te levará ao deslumbramento e ao júbilo.

Não relaciones dificuldades, nem compares as tuas possibilidades com as de outrem, que consideras melhor aquinhoado do que tu. Ignoras os conflitos que ele tem, as lutas internas que trava, as ambições que acalenta...

Na engenhosa engrenagem da vida, todos são importantes e os seus contributos são imprescindíveis para o equilíbrio geral.

Observa a máquina grandiosa fixada por parafusos modestos que lhe dão segurança.

Olha a represa imensa e poderosa, estruturada em pedras, cimento e ferragem bem trabalhados.

Contempla o diamante bruto e te decepcionarás com a sua aparência grosseira, que a lapidação retira, a fim de que reflita o raio de luz.

No reino humano, assim como nos demais, todas as criaturas são interdependentes.

Reflexiona em torno da cadeia alimentar em a Natureza até o estágio de Humanidade e ficarás fascinado com a sabedoria que a rege, às vezes em aspectos chocantes, mas obedecendo a uma programação sublime, ininterrupta...

Sábia diretriz, produz em abundância a fim de proporcionar o equilíbrio, tanto ecológico quanto cósmico.

Não interrompas essa sucessão de acontecimentos, quando convidado ao serviço, agarrando-te a falsos conceitos que decorrem da ociosidade dourada e do pessimismo perturbador. Renasceste no mundo para amar e servir, nunca te constituindo um peso morto na economia moral e emocional da sociedade.

O parasita humano é explorador do esforço alheio.

Permite-se o repouso sem limite, dos outros exigindo trabalho redobrado.

Libertação do sofrimento

Cresce, pois, em ação, movimentando os abençoados dons da vida que dormem em latência no teu mundo íntimo, e avança, jovial e rico de alegria, participando da sinfonia gloriosa do serviço em homenagem à vida.

Ninguém que pense e reflita tem o direito de explorar o seu próximo, vivendo-lhe às custas, anulando a própria capacidade existencial.

❖

A inteligência de que és portador revela-se em múltiplos aspectos, contribuindo valiosamente para o teu ajustamento no concerto universal.

Integra-te, pois, na gloriosa sinfonia do serviço, contribuindo, pelo menos, com os sentimentos de amor, de compaixão, de misericórdia, caso ainda não possuas os da abnegação e da renúncia, coroados pela santa caridade.

Na discrição da tua conduta ou diante dos holofotes da mídia devoradora, serve com naturalidade, alegrando-te por participares da orquestração regida pelo Criador.

16

EDUCAÇÃO E VIDA

Sem o seu concurso, o da educação, o ser humano retorna ao primarismo de que se vem libertando no curso dos renascimentos carnais.

Poderosa alavanca para o progresso espiritual, constitui-se o mais eficiente recurso moral para a edificação do ser humano.

Confundida com a instrução, ainda não foi compreendida no sublime objetivo de que se faz mensageira.

Acreditam alguns estudiosos que o ser humano é as suas heranças ancestrais, que nenhuma educação consegue modificar.

Outros, menos pessimistas, asseveram que a mente infantil é uma *folha de papel em branco,* na qual se escreverão os atos, as informações que lhe irão nortear o destino.

Nada obstante a valiosa contribuição de educadores notáveis do passado, a iniciar-se por João Comenius, prosseguindo pelo eminente Rousseau e adquirindo relevância em Pestalozzi, foi Allan Kardec aquele que, sintetizando as sábias lições desses predecessores, demonstrou, através da reencarnação, a excelência do labor educativo.

A educação, sem qualquer dúvida, remove as graves heranças perturbadoras insculpidas na personalidade e no caráter do educando, por criar-lhe novos condicionamentos morais que se fixarão indelevelmente, orientando-lhe a existência.

As graves heranças morais, que lhe assinalam existências passadas infelizes, reeducam-se, a pouco e pouco, até estabelecerem-se novos hábitos de comportamento que se farão naturais em futuras existências.

Sendo a vida uma sucessão de renascimentos em diferentes corpos, o Espírito transfere de uma para outra experiência física as conquistas e os prejuízos que somente uma educação bem trabalhada consegue aprimorar.

Não têm razão, portanto, aqueles que negam os efeitos positivos da educação, por considerarem a vida apenas como uma vilegiatura carnal distante das incomparáveis possibilidades de repetição das existências orgânicas.

A educação, quando programada com as diretrizes do amor e da disciplina, trabalhando juntos na modelagem da argila moral do Espírito, lentamente estatui o ser formoso que se ergue na direção do infinito.

Educam-se os animais usando-se métodos drásticos, coercitivos uns e de compensação outros, em face da impossibilidade de poderem compreender as propostas que lhes são ensinadas.

O ser humano, porém, em face do raciocínio e da lógica de que é constituído, desde que seja trabalhado com perseverança e carinho, assimila os bons hábitos do educador, assim como os ensinamentos morais e iluminativos de que ele se faz portador.

A educação do indivíduo dá início à transformação moral do grupo em que se movimenta, refletindo-se na sociedade como um todo.

Educar é proporcionar vida, que escasseia enquanto permanece a ignorância.

A sua ausência é semelhante a uma luz distante, que permite a predominância da sombra.

Os processos de crescimento social, financeiro, tecnológico, ao lado daqueles de natureza cultural, somente conseguem atingir os seus objetivos quando decorrentes da educação trabalhada pela paciência e pelo sentimento de amor.

Educadores vinculados a programas políticos, no entanto, preocupam-se mais com as estatísticas a respeito da alfabetização, descuidando as bases morais da educação, que exige espírito de abnegação e cuidados especiais. Apresentam dados falsos de pessoas alfabetizadas, que mal conseguem ler e escrever, dando uma imagem que não corresponde à realidade de uma sociedade educada.

O labor da educação começa no berço e prossegue sempre, sendo fundamental na infância e na juventude, quando há mais receptividade do educando, em face das suas despreocupações e facilidade de registro dos ensinos e hábitos que aformoseiam o caráter e iluminam a consciência.

A violência, a agressividade que irrompem em perversidade cruel por toda parte atestam a falência da educação nos institutos onde parece funcionar, e especialmente no lar, no qual se formam a cidadania e a dignidade do ser humano.

Em seu lugar, o descaso dos pais irresponsáveis em conviver com os filhos, relegando a tarefa que lhes cabe a servidores remunerados, a fim de disporem de tempo para mais prazeres, para a aquisição de recursos que oferecem aos filhos, em mecanismos de fuga psicológica para não se darem eles mesmos...

Como consequência, o imediatismo das sensações, repercutindo na promiscuidade sexual, na drogadição, nos estertores dos transtornos psicológicos, domina crianças e jovens, assim como incontáveis adultos, em lamentável desestruturação que se reflete numa sociedade indiferente pelo sofrimento do próximo, que vive medrosa e inquieta...

A solução do grave problema repousa na aplicação dos tesouros ainda desconhecidos da educação moral pelo exemplo, através da autodoação, das lições vivas na conduta edificante.

Enquanto permanece a preocupação com a instrução, com os métodos tecnológicos de preparação do indivíduo para o triunfo social, para ganhar dinheiro, e não para a autorrealização, os desastres sociais caracterizarão a cultura que se estiola numa civilização competitiva, egoísta e cínica, rica de coisas e pobre de sentimentos elevados.

Para tal cultura, o ser humano vale pelo que possui e acumula exteriormente, não pelos valores de enobrecimento e dignidade pessoal, desse modo, limitando a vida ao breve espaço berço/túmulo...

Em face da visão espírita sobre a indestrutibilidade do ser e das suas sucessivas reencarnações, modificam-se as paisagens da agressividade e do temor, abrindo campo propício para o desenvolvimento da solidariedade e do amor que um dia vigerão em todas as vidas.

Como afirma Allan Kardec em *O Livro dos Espíritos*, parte 3ª, capítulo X, item 872: *Cabe à educação combater essas más tendências. Fá-lo-á utilmente, quando se basear no estudo aprofundado da natureza moral do homem. Pelo conhecimento das leis que regem essa natureza moral, chegar-se-á a modificá--la, como se modifica a inteligência pela instrução e o temperamento pela higiene.*

Não foi por outra razão que Jesus permitiu-se o título de Mestre, em razão de ser o educador sublime, que lecionou o amor como essencial à vida e o dever como diretriz de segurança para o progresso, assim como fator de equilíbrio para a aquisição da felicidade.

Eleito para educar e iniciar a Nova Era, Allan Kardec fez-se igualmente professor, havendo ensinado por mais de trinta anos, antes de apresentar à Humanidade a Doutrina Espírita, por excelência mensageira da educação integral e da vida.

17

VIVER COM ESTOICISMO

Uma existência humana pautada nas diretrizes do Evangelho de Jesus enfrenta contínuos desafios que se transformam em oportunidades excepcionais para propiciar a autoiluminação.

Vivendo-se em uma sociedade eminentemente hedonista por um lado e pessimista por outro, a eleição de uma conduta estoica torna-se o mais viável caminho para a aquisição da paz e dos estímulos propiciatórios para a correta desincumbência dos deveres.

Conscientizando-se de que o processo da evolução desenvolve-se do interior para o exterior do ser, o candidato ao crescimento espiritual não se pode furtar aos testemunhos que exigem coragem e robustez de ânimo.

Nascido praticamente nas reflexões de Heráclito, o estoicismo se radica na crença da *substância,* portanto, de algo que não morre quando sucede o fenômeno biológico da desintegração orgânica, antes se constituindo numa doutrina que, de alguma forma, adota o comportamento socrático-platônico.

Embora os mais belos exemplos de estoicismo na Filosofia hajam sido demonstrados por Lúcio Anneo Sêneca, preceptor de Nero que, alucinado, invejoso e ciumento, propôs-lhe o suicídio duplo, cortando as artérias dos braços, tendo os pés em água morna, para tornar a morte mais rápida e logo sorvendo cicuta. Já avançado em anos, foram Epicteto e Marco Aurélio que escreveram pensamentos de grande beleza nos campos de batalha, que em diversos postulados assemelham-se ao Evangelho de Jesus, sem a profundidade do exemplo proposto pelo Mestre Nazareno.

Na verdadeira acepção do termo estoico, a morte, não inspirando medo, não pode ser solução para o abandono dos compromissos terrenais, conforme considerava o próprio Sêneca...

O exemplo de coragem demonstrado por Sêneca pode, por outro lado, ser considerado medo ao devasso imperador, que dominava através da impunidade de que se achava investido como *divino*.

Nero, que governara com equidade nos primeiros cinco anos do seu império, demonstrou a sua demência quando passou a viver os delírios do poder, inclusive quando mandara assassinar sua mãe Agripina, que, por sua vez, assassinara o imperador Cláudio, seu marido, depois de fazê-lo adotar o sicário que se fez imperador... E esse filho espúrio mandou matá-la, somente porque ela censurara a sua concubina...

Um regime de indignidade e ostentação, de crimes hediondos como aquele, necessitava de políticos nobres e cidadãos valorosos para os enfrentamentos, desapeando do poder o atormentado algoz do império.

No entanto, logo depois do incêndio e da sua incriminação contra os cristãos, desejando reconstruir e embelezar Roma, as suas arbitrariedades alcançaram tão terrível patamar que, perseguido, fugiu da cidade e, acossado, sem coragem de suportar os efeitos da sua trágica existência, pediu auxílio a um escravo para encerrá-la de maneira não menos ultrajante.

Um estoico, porém, jamais se deixa abater ou desiste da luta honrosa na qual se encontra, trabalhando os *metais* do caráter social para que sejam atingidos os fins enobrecedores da vida.

※

A existência estoica é desenvolvida em amplo campo de luta contínua contra a vileza moral, a fraqueza dos sentimentos, a desonestidade, o crime, a vassalagem.

As virtudes desempenham um papel fundamental, especialmente se destacando o bem, a clemência, o valor moral…

A grande proposta do estoicismo é a de viver-se de acordo com a Natureza, seguindo-lhe os códigos soberanos.

O estoico é alguém que encontrou o sentido existencial e reconforta-se nos severos compromissos do autoaprimoramento, descobrindo as fontes de uma vida digna por meio da prática das virtudes e vivendo-as em todos os passos da caminhada enobrecida.

Embora as não poucas atitudes sofistas de Sócrates, o seu idealismo levou-o a um julgamento arbitrário, infame, que enfrentou com dignidade, e à morte perversa, que aceitou estoicamente, sem queixas, consciente da sua imortalidade.

Nunca a cultura necessitou tanto de valores estoicos para serem vivenciados como nestes dias.

Quando a decadência ética permeia os mais graves compromissos morais e sociais, destacando a corrupção como ocorrência natural no comportamento dos indivíduos, a exaltação do dever e da dignidade pelo exemplo tem necessidade de vigência imediata.

O ser social, muitas vezes enfraquecido nas lutas, fortalece-se no exemplo dos cidadãos que se fazem paradigmas da lealdade, do dever, da moral.

Ao lado das memoráveis demonstrações de que era Filho de Deus, que tanto deslumbrou os Seus coetâneos, Jesus permanece como o exemplo máximo da incorruptibilidade, da fidelidade ao dever assumido perante o Pai em favor das criaturas humanas.

Em momento algum demonstrou fraqueza moral, e mesmo as Suas resistências orgânicas nos instantes extremos, ao apresentar-se debilitadas, não O impediram de tornar-se o maior exemplo de estoicismo por amor de que se tem notícia.

Buscar assemelhar-se-Lhe é o dever de todos aqueles que desejam uma existência harmoniosa, precedendo à vida real, quando por ocasião da imortalidade em triunfo.

Certamente, essa conduta não será plasmada de um para outro momento, mas através de contínuos acertos e erros, que irão estruturando a personalidade para o mister, ao tempo em que se forjam os sentimentos morais em moldes próprios para o empreendimento.

Iniciam-se as experiências em nonadas, como a melhor forma de treinamento, para alcançar-se os investimentos mais significativos que tenham representação na economia moral e emocional de cada um.

Buscando-se o essencial, tudo quanto constitui o secundário cede-lhe lugar a benefício da meta à frente.

Nessa circunstância, o amor desata as suas infinitas possibilidades em adormecimento, ampliando a capacidade de servir e de plenificar.

O estoicismo, pois, faz parte da proposta ética do Cristianismo, por ser o método filosófico mais compatível com a moral do Evangelho de Jesus.

Perseverar no bem, quando outros desistem, manter a fidelidade, quando se extinguem as chamas do entusiasmo, sustentar o dever, mesmo quando aparentemente tudo conspira contra os ideais elevados, confortar os tombados na retaguarda, reerguendo-os para o avanço, representam conquistas significativas no processo da autoiluminação, na construção do ser que se deseja transformar em modelo...

Começa a vida estoica no amanho do solo do coração, no qual se colocam as sementes da bondade e da esperança, a fim de que se formem círculos de afetividade combativa, na dinâmica de bem servir com olvido da presunção pessoal e da jactância.

O estoico, à semelhança do cristão, desconhece-se, não se acreditando melhor do que os demais, também não se supondo pior, mantendo a consciência plena da função existencial e de quanto deve realizar para atingir o objetivo da sua imortalidade.

18

OS VALORES DE ALTA SIGNIFICAÇÃO

Nunca será demasiado insistir-se na vivência dos valores éticos superiores, de alta significação na existência humana, denominados como virtudes, em detrimento daqueles que promanam das experiências anteriores, conhecidos como vícios.

Os primeiros podem ser considerados como *sentimentos do coração,* enquanto os outros são resultado das heranças evolutivas primárias, que permanecem predominando na conduta.

Na extraordinária obra indiana *Bhagavad Gita,* são apresentados como familiares das duas raças: a *pândava e a kuru.* Parentes entre si, permanecem no país dos sentimentos em vigília constante. Porque os *pândavas* – as virtudes – são menos numerosos, devem destruir os *kurus* – os vícios –, que são mais abundantes, em razão de pertencerem aos fenômenos do processo de crescimento, que permaneceram dominantes, embora já não necessários.

Desde os momentos da razão, deveriam ser substituídos naturalmente, cedendo o lugar às realizações da consciência e do bem.

Nada obstante, fixados nos instintos do ser, expressam-se com facilidade, gerando mecanismos de culpa e de sofrimento, que dificultam o avanço racional do Espírito no rumo da liberdade.

Na citada obra, o mestre Krishna recomenda ao discípulo Ardjuna que os mate, destruindo-os pela raiz, através da valorosa batalha que deve ser travada no campo da consciência.

Considerando-se as conquistas do moderno pensamento psicológico, mediante o qual o esforço de crescimento jamais se radica em qualquer forma de destruição e morte, mas antes em transformação e em aprimoramento, não padecem dúvidas que o esforço empregado para a superação dos vícios manifeste-se por meio da sua substituição pelas virtudes.

Os hábitos perversos instalados no comportamento nada mais são do que fixações dos atos não pensados, que se transformaram em uma *segunda natureza,* que a boa educação pode corrigir.

Todas as construções do comportamento se fixam como hábitos que se podem classificar em doentios e saudáveis. Os doentios constituem a vasta gama daqueles que respondem pelos desequilíbrios, pela insensatez, pela perturbação, geradores de problemas e de sofrimentos. Os saudáveis respondem pelas conquistas da harmonia, do crescimento interior, da autorrealização, da paz...

À medida que o ser inteligente experimenta o prazer e a dor, dispõe dos instrumentos hábeis para a opção de bem-estar, responsável pela saúde e pela alegria de viver.

As virtudes constituem os valiosos recursos que desenvolvem os sentimentos de nobreza adormecidos no imo do ser, enquanto que os vícios produzem morbo que agride o organismo em todas as suas expressões.

Automatizando-se, um ou outro, logo advêm os resultados na constituição psicofísica do indivíduo, tornando-o gentil e equilibrado ou inseguro e violento.

❖

Denominamos como virtudes os pensamentos de amor e de paz, que se convertem em hábitos de solidariedade e de respeito por si mesmo e pelo próximo, enquanto os vícios se manifestam como agressão e autodefesa, em contínuo mal-estar e indiferença pela vida dos outros.

Nesse capítulo, o conhecimento sobre os objetivos essenciais da existência humana exerce um papel preponderante, favorecendo o desenvolvimento daqueles que são edificantes em detrimento daqueloutros que conspiram contra a felicidade.

Deixando de ser fenômenos teologais, as virtudes assumem qualificação psicoterapêutica, trabalhando a produção de monoaminas responsáveis pela preservação do sistema imunológico e, em consequência, pela saúde do indivíduo. De equivalente forma, os vícios proporcionam a produção de maior quantidade dessas substâncias que se convertem em fatores de desarmonia na estrutura das defesas orgânicas, abrindo espaço para a instalação das doenças.

Todos os grandes guias da Humanidade conheciam essas particularidades produzidas pelo pensamento e transformadas em hábitos de vida.

Jesus, especialmente, na Sua condição de Psicoterapeuta transcendental, sabia que o Espírito é a fonte de energia, produzindo conforme a sua inclinação para a sublimação ou permanência no estágio de primarismo em que se encontra.

Da mesma forma compreendeu o apóstolo Paulo, quando enunciou: *Pensai nas coisas que são de cima e não nas que são da Terra,* conforme Colossenses, capítulo 3, versículo 2, em se referindo àquelas de natureza espiritual, enquanto na marcha material.

Todas as coisas más procedem de dentro e contaminam o homem – afirmou o Mestre Incomparável, de acordo com Marcos, no capítulo 7, versículo 23.

Substituindo-se o verbete *dentro* pelo *pensamento* e teremos a eleição daquilo que distingue o bem falar, o bem proceder.

Ninguém, entre os seres que se encontram no estágio da normalidade, pode viver sem pensar, constituindo a sua vida uma panorâmica de ideias e construções mentais que caracterizam o estágio em que transita no mundo.

De igual maneira, conforme os pensamentos – hábitos mentais –, terão vigência as condutas que se expressarão inevitáveis.

As virtudes, porém, de igual maneira que os vícios, são aprendidas, fixando-se em decorrência da repetição com que sejam ou não praticadas.

Allan Kardec, seguindo a mesma trilha de Jesus, traduziu o pensamento dos bons Espíritos, explicando que a moral, conforme a resposta à questão número 629 de *O Livro dos Espíritos, é a regra de bem proceder, isto é, de distinguir o bem do mal. Funda-se na observação da Lei de Deus. O homem procede bem quando tudo faz pelo bem de todos, porque então cumpre a Lei de Deus.*

Trata-se, portanto, da eleição dos pensamentos e atos saudáveis, porque de origem divina, enquanto que os vícios são de procedência animal, que tiveram uma finalidade própria em determinado momento evolutivo, não mais devendo permanecer como participante do processo libertador.

Centradas na fé, na esperança e na caridade, essas virtudes são os sentimentos puros do ser, que refletem a Divindade da qual todos procedem.

A humildade, a perseverança, os deveres enobrecidos, capitaneados pelo amor, exornam o Espírito e o ajudam na conquista da harmonia.

❖

Toda a filosofia ética-moral do Evangelho de Jesus é fixada nos valores enobrecedores, aqueles que promovem o indivíduo e o alçam à conquista do Reino dos Céus.

Herdeiro do primarismo por onde transitou, remanescem as fixações do instinto, propiciando a permanência do caráter violento e perturbador, que em determinado período foi de inestimável significado, auxiliando-o na conquista da inteligência. Todavia, porque ruma na direção da angelitude, torna-se-lhe urgente a vivência dos valores nobres, que o ajudarão a eliminar as paixões negativas, transformando-as em sentimentos sublimes, na marcha ascensional para Deus.

19

AUTOMATISMO DO BEM

No processo da evolução, as células desenvolveram-se em um período de aproximadamente dois bilhões de anos, a fim de adquirir o automatismo fisiológico, a aquisição da memória na função a que se destinam.

Em razão do perispírito, na formação do ser orgânico são plasmados os arquipélagos de dezenas de trilhões delas, que constituem a maquinaria fisiológica do ser humano. O seu processo de aglutinação molecular por automatismo, nesse *modelo organizador,* forma os diferentes órgãos pelos quais a energia mental controla a vida em manifestação.

Por sua vez, o automatismo do bem é uma herança divina que o Espírito possui e que, através do tempo, se manifesta por impulso natural, conduzindo-o de retorno à Fonte da qual procede.

Em razão do largo desenvolvimento, mediante o automatismo fisiológico, permanecem os hábitos repetitivos que deram lugar aos instintos básicos, enquanto que a razão e a consciência desenvolveram-se, facultando a opção pelo bem.

Toda vez quando os automatismos negativos têm lugar no ser humano, ele ainda se encontra atado às heranças da retaguarda, sem que o discernimento se expresse com segurança.

Não obstante, quando a consciência desperta do letargo em que se demora por longo período, surgem as preocupações com as construções mentais edificantes, responsáveis pelas realizações enobrecedoras.

Lentamente, então, firma-se a tendência para o bem que passa a viger no âmago do ser, agora atraído pela fatalidade da perfeição relativa a que se encontra destinado.

Certamente, é longo e penoso esse processo, em face da acomodação das funções do organismo físico, sempre repetitivas e automatistas.

O ser, no entanto, é de essência divina, moldando a *argamassa celular* conforme as necessidades de crescimento na direção de Deus.

Inevitavelmente, sente o *deotropismo* que o arrasta, quebrando as algemas dos hábitos inferiores e passando a experimentar os inefáveis prazeres defluentes do bem que pratica e lhe faz bem, ampliando-lhe a capacidade de realizar novos empreendimentos dessa natureza.

Como o mecanismo da evolução é estimulado pela vontade, as experiências aprazíveis da prática do bem proporcionam a sua repetição, na busca de novas satisfações de natureza ética e moral.

Porque o bem acalma e felicita, a necessidade de vivenciá-lo insculpe-se no Espírito e transforma-se em automatismo, qual ocorre quando a opção é pela manutenção no desequilíbrio e na insensatez.

Por mais se retarde na decisão de crescer, momento chega no compromisso da vida em que as Leis se impõem e o livre-arbítrio é substituído pelo impositivo maior de sair da ignorância para as claridades do conhecimento.

Na teimosia inicial em que se detém, o Espírito é submetido à provação, através da qual aprende pelo sofrimento lúcido a obediência aos Códigos Divinos. Posteriormente, em razão da sistemática rebeldia, quando insiste em perseverar na ignorância da verdade, impõe-se-lhe a expiação, por cujo intermédio não há como evadir-se da fatalidade do bem.

Criado à *semelhança de Deus,* isto é, sendo de essência sublime, o Espírito tem o dever de retirar a ganga a que se afeiçoa, qual ocorre com o diamante bruto que um dia deverá brilhar como uma estrela, experimentando os golpes agressivos e devastadores do instrumento que o lapida, no caso em tela, o sofrimento expiatório, quando se lhe faz necessário.

❖

Em toda parte são encontrados convites ao serviço edificante para quem deseja realmente se encontrar e brilhar interiormente.

A visão dessa realidade, porém, é consequência das experiências interiores que trabalham em favor da descoberta dos valores realmente significativos quão indispensáveis.

O autoexame em torno das necessidades reais do ser constitui o desafio inicial que irá despertar as qualidades morais adormecidas, selecionando aquilo que é útil em relação ao que apenas parece sê-lo.

A educação dos hábitos torna-se-lhe então instrumento valioso para a aquisição do bem, graças ao discernimento sobre as finalidades existenciais. Dando-se conta de que é aplicado muito tempo na satisfação dos instintos, que tomam as 24 horas do dia, nas diversas atividades, inclusive no repouso pelo sono, surge o momento em que se faz imperiosa a reserva de algum tempo para a reflexão dos conteúdos espirituais, meditando a respeito das ocorrências do quotidiano.

A reencarnação surge-lhe na tela mental como bênção de inapreciável significado, por facultar-lhe prosseguir sempre na realização iluminativa que inicia.

Esse conhecimento não o faz postergar indefinidamente o trabalho de crescimento espiritual; antes, pelo contrário, estimula-o a iniciá-lo imediatamente e a prosseguir com afã, diminuindo o tempo que se lhe faça necessário.

A *luz no túnel* que brilha convidativa, a distância, é motivação valiosa para sair-se da escuridão na qual se jornadeia entristecido e desmotivado.

À medida, porém, que o Espírito adquire sabedoria, novos estímulos influenciam-lhe o automatismo fisiológico, e as células, que *dialogam* entre si, passam as *informações* mantenedoras de vida em diferentes ritmos propiciadores do bem-estar e do equilíbrio por toda a maquinaria fisiológica.

A sensação de harmonia orgânica, mesmo quando algum distúrbio tem lugar no capítulo saúde/doença, não vai interrompida, porque o Espírito compreende tratar-se de um acidente de percurso, sem piores consequências, como se necessário ao prosseguimento da marcha na direção do destino estabelecido.

Praticar o bem, portanto, é fenômeno genético, ínsito em todos os seres humanos.

Esforçar-se por facultar-lhe o surgimento como função inteligente da vida constitui tarefa impostergável para a criatura inteligente na face da Terra.

O bem, no entanto, é tudo aquilo que corresponde às Leis de Deus, desde os pensamentos mais simples de amor e ternura até os gestos grandiosos de sacrifício em favor do próximo, da sociedade, da vida.

Naturalmente, quando essa ação exige um maior sacrifício, melhor se reveste de significado e grandiosidade.

Tanto pode expressar-se na contribuição de valores em favor de outrem, como através dos sentimentos elevados de bondade, compreensão, tolerância, perdão, ante as conjunturas menos felizes que defluem dos relacionamentos fraternais, sociais, funcionais, muitas vezes geradores de situações de difícil sustentação.

O bem é sempre a doação moral daquele que cede, que renuncia, que desculpa, que compreende e nada exige, tornando natural esse comportamento, de tal forma que se lhe transforma num automatismo: sendo ferido, mas não se tornando agressor; quando acusado injustamente, não tendo a preocupação de colocar-se na defensiva e acusar; se perseguido, entendendo que não lhe cabe a postura de perseguidor...

❖

De acordo com os procedimentos do automatismo do bem, aqueles outros, os de natureza fisiológica, se vão depurando, tornando o cárcere carnal menos asfixiante e mais flexível, permitindo as ocorrências do desdobramento natural e consciente durante o sono reparador, quando o Espírito retorna às esferas de onde procede, a fim de fortalecer-se nos empreendimentos que lhe dizem respeito para executar na Terra.

Na história dos missionários de todo o quilate, o automatismo do bem proporcionou-lhes a realização de atividades que somente gigantes do seu porte são capazes de produzir.

Na conquista desse automatismo, o fenômeno se torna cada vez mais natural e agradável, favorecendo o Espírito com a alegria da futura aquisição da paz perfeita pela qual anela.

20

CONQUISTANDO A HUMILDADE

Todas as terrenas ambições humanas, por mais valiosas, encerram-se no silêncio aparente da sepultura, concluindo um dos capítulos da existência, a fim de dar início a outro.

A sucessão desses epítomes com as suas grandezas e misérias, conquistas e prejuízos, transferindo-se de uma para outra página, constitui o livro da vida, no qual cada Espírito escreve a história do processo da sua evolução.

Equivoca-se em uma etapa, e logo a reinicia, fixando a aprendizagem que lhe servirá de estrutura emocional e cultural para não mais a repetir.

Realiza um mister com precisão e equilíbrio para logo alcançar outro patamar de conhecimento, ampliando a capacidade de realização.

A sua escala de valores ético-morais torna-se ascendente, oferecendo-lhe a visão cósmica abrangente em torno da reencarnação.

Todos os esforços que aplique devem convergir para a superação das mazelas ancestrais que lhe permanecem como heranças de quando transitava nas esferas mais primitivas do crescimento para Deus...

Todos os tesouros que venha a acumular, considerados valiosos, deverão constituir-se de recursos que podem ser conduzidos, não lhe ameaçando a ascensão, impossibilitados de serem roubados, perdidos ou vencidos pela ferrugem, pelo tempo...

Nesse sentido, à medida que adquire consciência da responsabilidade que lhe diz respeito, melhor compreende quanto necessita de aprimorar-se interiormente, amealhando as vibrações da verdadeira humildade.

Essa conquista é de inapreciável significado, porquanto proporciona a medida exata para que adquira a compreensão de si mesmo, assim como a da própria pequenez ante a grandiosidade da vida.

Esse discernimento torna-se adquirido através de pequenos exercícios que se transformarão em conduta natural como parte integrante da existência.

O egoísmo que predomina em a natureza espiritual do ser, em face dos hábitos antigos e das lutas pela sobrevivência, ainda remanescente do instinto de conservação da vida, lutará tenazmente por manter o seu domínio, criando embaraços injustificáveis...

Torna-se necessária uma programação definida em torno da responsabilidade pessoal, com a consequente conscientização dos compromissos iluminativos que serão abraçados.

Compreendendo que a felicidade não pode ficar adstrita aos interesses do imediatismo, o Espírito, agora lúcido, não se permite repetir os sucessos negativos de ontem, quando se manteve encarcerado nas paixões dissolventes que o embriagaram e alucinaram, retendo-o nas faixas primárias que lhe eram campo experimental, e não abrigo permanente...

Porque é portadora de grande complexidade na sua estrutura íntima, a humildade impõe observação grave de tudo quanto se faz e da maneira como se realiza.

Não transfere para os outros a responsabilidade que lhe diz respeito, quando se faz insucesso, nem lamenta a perda da oportunidade, retemperando, de imediato, o ânimo, para os novos tentames.

Nunca se escusa, assumindo a postura do martírio, justificando a falta de forças para levar adiante o compromisso em que se empenha.

Humildade! Quanta falta faz a humildade aos grandes-pequenos seres humanos!

※

Considera-te como és: um permanente aprendiz da vida.

Jamais te permitas a petulância de pensar que és um ser especial, catalogado como superior ou portador de uma missão maior do que a dos demais.

Se te encontras à frente de alguma empresa ou detendo responsabilidade de alto significado em torno da administração de bens terrestres, do ensino, da condução de vidas, vigia *as nascentes do coração,* evitando que a água cristalina do dever se turbe, mesclando-se com o lodo em repouso, em forma de prepotência ou de falsa superioridade.

Tens encargos a atender, de que te deves desincumbir com desapego e elevação.

Se te encontras abençoado com a fortuna ou com o poder temporal em qualquer experiência na sociedade, compreende que és mordomo, e que serás chamado a dar conta do que te foi confiado...

A empáfia é doença ferruginosa do Espírito que se deixa inflar pelo seu bafio, para esvaziar-se de um para outro momento, quando a realidade a fere com certeira flechada.

O orgulho é filho dileto da presunção daquele que se supõe inatingível, embora a fragilidade de que se constitui.

A arrogância é desatino da pequenez que se agiganta em aparência, temendo a perda do que supõe haver adquirido.

A prepotência é distúrbio de conduta, que mascara o conflito de inferioridade do ser, aparentando a força que gostaria de possuir.

A vaidade é distorção de óptica espiritual, cujas lentes estão embaciadas pela nuvem da ilusão...

Todo esse cortejo de malfeitores internos encontra-se a postos para impedir que se instalem a simplicidade de conduta, o comportamento espontâneo e gentil, a sensatez que discerne entre a função e aquele que a exerce, em relação à situação momentânea que se vive e quem a vive...

Nunca será demasiado logicar a respeito do que se é, tendo em vista como se encontra.

O jogo do poder muda de mão a cada instante, e a glória de hoje é a véspera da desgraça de amanhã, assim como a submissão de hoje pode modificar-se para o domínio da situação no futuro.

Basta um olhar, apressado que seja, no tabuleiro da política mundial, para se constatar que o perseguido de um momento torna-se o herói do futuro, que o vencedor em um pleito logo entra em decadência quando assume o poder e não pode atender a tudo conforme prometera, que o conquistador que esmaga é possuidor de um império de efêmera duração...

Libertação do sofrimento

A humildade, porém, concede ao ser humano a medida exata do que ele é, de como se deve conduzir e tudo quanto lhe cabe realizar para alcançar a elevada meta da sua integração na Consciência Cósmica.

A existência terrena é constituída de contínuos desafios, sucedendo-se sempre um mais grave ao outro que já foi solucionado.

Aprende, desse modo, a permanecer participante da comunidade em que a existência te hospeda, como membro atuante, interagindo em todos os seus programas.

O homem de bem, portanto, aquele que tem a dimensão de si mesmo, sempre percebe quanto lhe falta conseguir, a fim de estar plenamente em paz, como decorrência do esforço empregado na conquista de si mesmo.

Jamais se detém quando percebe o imenso caminho a percorrer, na busca da Verdade...

Mantém-te, pois, simples de vacuidades e pleno de alegria de viver, considerando a oportunidade iluminativa que se te encontra ao alcance.

Aproveita cada momento da existência para ampliares os horizontes do progresso que te cumpre alcançar.

Cada irmão do teu caminho é tua oportunidade de crescimento para Deus.

Ninguém alcança o Paraíso sem experienciar o terrestre Éden que se encontra ínsito no coração, como esplêndido no amado planeta em que te encontras.

Assim, a humildade torna-se a estrela brilhando à frente, convidativa e libertadora.

21

AS RAÍZES

A pátria para o ser em processo espiritual não é apenas o lugar em que nasce, mas onde se encontra feliz. Naturalmente existe um vínculo profundo entre o solo gentil que o acolhe na reencarnação e o seu sentimento de gratidão.

Não obstante, a necessidade imposta pela evolução faz que se experienciem diversos domicílios terrestres, a fim de treinar-se fraternidade. Não raro, os renascimentos têm lugar onde se encontram os melhores recursos propiciadores da iluminação interior, através das conquistas do conhecimento, das emoções, da beleza, ou dos imperiosos resgates que dignificam por meio do sofrimento, do refazimento dos caminhos percorridos que ficaram em sombras.

Essas formosas experiências predispõem o ser humano à construção da complexa família universal.

Na intimidade do clã biológico, são desenvolvidos os sentimentos de solidariedade e de ternura, de afeição e de companheirismo, salvadas as exceções das experiências retificadoras, quando têm origem os vínculos da amizade ao torrão natal, às suas concessões e alegrias, às lições que são fornecidas para o progresso.

Dessa forma, esse sentimento deve ser cultivado sem apego, movimentando as emoções da gratidão e do respeito pelo lar, pelo local onde recomeça, pelo povo, que constituem fontes de inspiração para a conquista da felicidade.

Ocorre, muitas vezes, que a mulher e o homem lutadores, que passaram por dificuldades na fase infantojuvenil, abraçando necessidades ou vivenciando sofrimentos, à medida que progridem materialmente, esquecem-se daquelas valiosas conquistas ou recordam-nas com laivos de ressentimento e amargura, procurando esquecê-las.

Esse é um comportamento lamentável, porque ninguém consegue fugir das suas raízes de sustentação.

A árvore veneranda desenvolve-se, aumenta a copa, multiplica os galhos amigos, enfloresce-se e frutesce, vinculada às raízes mantenedoras da seiva, da sua vida, sob o apoio do orvalho, do ar, do Sol...

O rio generoso que se espraia buscando o mar é nutrido pelas suas nascentes, e, mesmo quando afluentes lhe aumentam o volume, é no nascedouro, muitas vezes débil, que tem a sua sustentação...

De igual maneira, mantém-se a criatura humana.

As suas raízes históricas, religiosas, culturais, idiomáticas, afetivas, são de fundamental importância para a sua estruturação de felicidade.

Não raro, a melancolia e o desencanto que assomam em pessoas que triunfaram nos negócios, na política, na arte, no conhecimento de qualquer matiz, decorrem da saudade das raízes infantis, das recordações não *digeridas,* das emoções que não foram bem encaminhadas.

É natural que se procure olvidar os dissabores, os períodos amargos da existência, os testemunhos mais dolorosos; no entanto, deve-se evocá-los de forma agradável, retirando o lado bom, o proveito benéfico de que resultaram, tornando-se base emocional da alegria de viver...

Com muita frequência, os indivíduos que triunfam após os anos de sofrimento ou de carência parecem criar uma reação negativa ao passado, desejando apagá-lo ou ocultando-o, por sentirem constrangimento das dificuldades vividas, quando se deveriam honrar pela maravilhosa oportunidade de superação dos desafios e amadurecimento psicológico através dos testemunhos aflitivos.

Esse sentimento de ingratidão por tudo quanto constituiu a base existencial ensoberbece-os e diminui-lhes a grandeza moral.

Essa atitude contribui para que os sentimentos de generosidade se entorpeçam, desapareçam a piedade e a compaixão naturais, por considerar-se que os seus foram também dias penosos e que, naquela ocasião, não receberam a ajuda nem a proteção de que tinham necessidade.

Trata-se de ledo engano, essa conclusão egoísta. Ninguém ascende a patamares superiores a sós, sem a ajuda de outrem, das circunstâncias, da Divina Inspiração.

Há benfeitores humanos que permanecem anônimos, auxiliando sem interesse de autopromoção, destituídos de vacuidades interesseiras.

Na retaguarda de todo triunfador se encontra alguém, visível ou não, que lhe abriu a porta de acesso à responsabilidade, ao dever, à vitória.

Certamente que se louvou nas qualidades morais e profissionais daquele a quem ajudou, mas esse, muito dificilmente cresceria se não tivesse recebido aquele apoio indispensável.

É imperioso que todos aqueles que alcançam a fama, o destaque, não se olvidem das suas raízes, da simplicidade, das afeições que permanecem silenciosas e distantes, às vezes sofrendo limitações e dores, enquanto esses vitoriosos alcançam a abundância, o excesso, a extravagância...

Há olhos úmidos contemplando os sorrisos-esgares dos poderosos, aguardando que deles se recordem, proporcionando-lhes socorro.

❖

Em assim sendo, se alcançaste o patamar superior da vida em sociedade, não te esqueças das tuas raízes de fixação no solo da atualidade em que te encontras.

Olha, de quando em quando, para baixo, descobrindo os irmãos que se encontram nas sombras da agonia esperando por ti.

Desde que conheces esse fardo, que já o carregaste, possuis melhores recursos para avaliá-lo, para diminuir-lhe o peso nos ombros do teu irmão da retaguarda.

Agradece a Deus por já teres transitado pelas veredas tortuosas e alcançado as planícies seguras do equilíbrio, avançando na direção do planalto exuberante e libertador.

Há muitos que dependem daqueles que se fazem vitoriosos e que agradeceriam se fossem notados, destacados com uma palavra gentil, com um sorriso acolhedor, não considerados apenas como peças da engrenagem das empresas, de serviçais sem valor, no trabalho a que se dedicam.

Todos eles têm sentimento oculto de beleza, ânsia de consideração e de respeito.

Além dos salários que recebem, são pessoas com os problemas de todas as demais, carentes uns, cariciosos outros, ambicionando o progresso e a felicidade.

Dá-lhes mais que uma oportunidade técnica. Oferece-lhes amizade. Permite que eles percebam que triunfaste com esforço e que todos eles podem conseguir o mesmo se perseverarem, se mantiverem o entusiasmo na luta e o esforço nas intenções transformadas em ação.

O que lhes fizeres, representará a tua contribuição às tuas raízes, que se tornarão mais fortes e mais poderosas, mantendo-te no solo da realidade, sem aprisionar-te nos seus limites.

As verdadeiras raízes do ser humano encontram-se na Vida espiritual de onde todos procedem, portanto, da Imortalidade.

Viver na Terra pensando sempre no momento do retorno, tudo fazendo em favor da preservação dos vínculos com a Realidade, constitui dever que não pode ser adiado nem muito menos esquecido.

Vieste da Erraticidade, conduzindo valores que dizem respeito ao teu processo de evolução, a fim de os multiplicar em bênçãos de amor e de iluminação.

Exercita-te na gratidão às tuas raízes terrenas, ampliando-as no espaço do mundo em nome da verdadeira fraternidade, desenvolvendo aquelas de natureza espiritual.

Somente assim viverás pleno e em paz.

22

A FELICIDADE POSSÍVEL

A natural ambição do ser humano pode ser definida como a aquisição da felicidade.

O conceito, porém, em torno da felicidade varia de um indivíduo para outro, qual ocorre com as diferentes escolas do pensamento filosófico, na abordagem dessa questão.

Repassando-se os diversos postulados das correntes que estudaram a felicidade, entre elas o hedonismo, o cinismo, o estoicismo, o idealismo, o espiritualismo, o utilitarismo, o existencialismo, o pessimismo, para citar apenas algumas, pode-se constatar a diversidade de conceituação acerca da magna questão: a felicidade!

Variando de acordo com os níveis da evolução dos grupos humanos, de alguma forma predominam o utilitarismo e o existencialismo, reduzindo a existência física ao fenômeno biológico e o seu cortejo de sensações e prazeres, que passariam a ser fundamentais para a conquista do bem--estar sem problemas.

No entanto, uma breve análise sobre essa eleição demonstra a vacuidade de tal aspiração, considerando-se que a organização física sempre está sujeita a situações de insegurança e transformações, mudanças de contextura e outras ocorrências inevitáveis.

Certamente, essas alterações transformam-se em dificuldade para a manutenção de um programa de satisfações plenas, de sensações sempre prazerosas.

Os sentimentos são os veículos emocionais que expressam a realidade do ser humano, mesmo que não se dê conta daquilo que lhe ocorre.

Nascendo no cerne do Espírito, traduzem-se de acordo com o seu nível de evolução, que exterioriza na maneira de conviver com os demais e consigo mesmo.

Quando estão entorpecidos pelos interesses imediatistas, sobrecarregados pelas toxinas defluentes dos desejos mais grosseiros, revelam-se perturbadores, agressivos, muitas vezes asselvajando os seus portadores, ou refletindo o primitivismo que os caracteriza.

Nos indivíduos que vivenciam os níveis elevados de consciência, as aspirações apresentam-se com formulação ético-moral relevante, na qual os sentimentos são de solidariedade e afeição, humanitarismo e compaixão, que fomentam o progresso capaz de libertar os padecentes das algemas em que se encontram aprisionados.

O seu conceito de felicidade difere grandemente daqueles que somente dão primazia ao egoísmo e tudo que a ele diz respeito.

O espiritualismo, por sua vez, convidando à reflexão em torno do ser integral, na sua condição de Espírito imortal que é, traça diferentes contornos e conteúdos sobre a felicidade.

Situada a existência carnal entre o berço e o túmulo, não a limita a esse exíguo tempo, antes o dilata, considerando a anterioridade e a sobrevivência do Espírito à morte, o inevitável acontecimento de que ninguém se evade, ampliando os horizontes da felicidade.

Com essa visão da realidade, elimina inúmeros fatores que se apresentam como desdita, infelicidade, tais os sofrimentos de qualquer natureza, a morte, a saudade, demonstrando que todos esses fenômenos são transitórios ante a grandeza da vida em si mesma.

O importante não são as satisfações que se fruem, mas deixam insatisfações e ansiedades por novas experiências. Essa ocorrência algo frustrante trabalha em favor da inquietação do ser e da incessante busca de sensações mais fortes.

※

A felicidade é de fácil aquisição e deve ser tentada continuamente.

Não é resultado daquilo que se pode acumular e desfrutar, mas do estado interior de cada pessoa, resultado das aspirações mais elevadas e dos sentimentos harmonizados com a existência.

Fosse a felicidade o gozo seguido e se teria fixado na organização fisiológica propiciadora de sensações.

As sensações têm caráter efêmero e insatisfatório, produzindo cansaço e tédio, transformando-se em mal-estar.

A felicidade constitui-se do bem-estar que deflui da consciência de paz, fruto natural dos pensamentos edificantes que levam aos atos retos e dignificadores.

Aquele que pensa com elevação de propósitos enriquece-se de energias saudáveis, adquirindo o hábito de manter-se em equilíbrio emocional, favorecendo-lhe o comportamento social edificante.

Nesse sentido, não se aspirar à posse do que se consegue deter transforma-se em limite satisfatório para evitar-se preocupações desnecessárias, escravização aos recursos acumulados, avareza e desconfiança.

Em situação de tal porte, a amizade se estende generosa, produzindo um clima de alegria em relação às demais pessoas, porque o ser humano é essencialmente um animal biopsicossocial de origem espiritual, que necessita de conviver com outrem, ao seu lado trabalhar pelo progresso pessoal, no que resulta o desenvolvimento comunitário.

Desse modo, manifesta-se-lhe o espontâneo prazer de servir, de ser útil, de ter o tempo preenchido por preocupações não desgastantes.

A felicidade desconhece o medo de perdê-la, porque, não tendo uma conotação física, desenvolve-se no plano da estesia, da emoção elevada, da satisfação de estar-se bem consigo mesmo.

O belo, o honesto, o pacificador que se apresentem em qualquer tipo de faceta, constitui-se, sem qualquer dúvida, fator de felicidade.

É justo que se tenha em mente que a existência terrena não é uma viagem fascinante ao país da fantasia, nem a Terra é, por enquanto, o formoso oásis que muitos ambicionam para transformar em colônia de férias e de inutilidade.

O nosso abençoado planeta é formosa escola de aprendizagem e de crescimento interior, na qual as experiências apresentam-se multifacetadas com alegrias, tristezas, tensões, ansiedades e sorrisos, que devem ser administrados com sabedoria.

Eis por que se pode ser feliz mesmo no sofrimento, por compreender-lhe a finalidade superior, que é a lapidação das arestas morais defeituosas para que sejam trabalhadas as áreas que irão refletir a luz da sabedoria em forma de paz.

Pensa-se, sem fundamentação real, que os lugares, as situações, os recursos amoedados são essenciais para a felicidade. Trata-se de grave engano. Eles podem criar condições de alegria, de exibicionismo, de lazer, de ócio, porquanto se o indivíduo não estiver em harmonia íntima em relação a si mesmo, ao seu próximo e a Deus, onde quer que se encontre carrega o fardo das preocupações e dos conflitos que lhe pesam na consciência.

Nada obstante, muitos indivíduos que ainda se encontram nas faixas exclusivas da organização fisiológica, não tendo maiores aspirações, refestelam-se nos sentidos e acreditam que os excessos que se permitem, os gozos que fruem, são os tesouros da felicidade.

Logo, porém, alargam-se-lhes os prazeres, sutilmente surge o *vazio existencial* que os empurra aos comportamentos viciosos e entorpecentes, como forma de fuga para lugar nenhum.

A felicidade é constituída de pequenas ocorrências, delicadas emoções, sutis aspirações que se convertem em realidade, construções internas que facultam a paz interior.

Indague-se aos gozadores se eles estão felizes, satisfeitos com a vida, e com certeza responderão que se encontram saturados, cansados, desinteressados praticamente de tudo.

Desse modo, consciente das muitas bênçãos que tens recebido da vida, especialmente se dispões de um corpo harmônico e saudável para aplicar-lhe as forças em favor do desenvolvimento intelecto-moral, amando e servindo sem cessar. No entanto, se te encontras com algum limite orgânico, sob a ação das tenazes do sofrimento de qualquer natureza, agradece a Deus a honra de resgatar os erros e adquirir o necessário equilíbrio para a felicidade que logo chegará.

23

AS LUTAS ABENÇOADAS

É compreensível que os empreendimentos que nobilitam a criatura humana exijam esforço e desgaste. O combustível que sustenta a chama também se esgota, à medida que colabora para que exista a claridade.

O organismo é sustentado pela energia que se consome na razão direta em que é utilizada.

Tudo no Universo são trocas, como natural fenômeno das transformações a que estão sujeitas.

A vida, por isso mesmo, encontra-se em contínuas alterações.

No que diz respeito aos seres humanos, essas transformações decorrem da maneira como são aplicadas as forças que lhes são proporcionadas para o ministério da evolução.

Em consequência, todo e qualquer esforço produz cansaço e, quando não bem administrado, dá lugar a mal-estar e desequilíbrio.

Com esse conhecimento, podem-se organizar as atividades compatibilizando-as com as resistências e a capacidade interior de cada qual.

Não seja de estranhar que nas atividades do bem, embora o prazer defluente da realização em curso, experimentem-se os efeitos desagradáveis do uso das energias. Em se mantendo a mente em equilíbrio, no entanto, renovam-se as forças com facilidade, em razão da sintonia com os dínamos geradores de vida, no mundo transcendental.

Nada obstante, é comum encontrar-se pessoas abnegadas que se dedicam à solidariedade e aos serviços de edificação, queixando-se de dificuldades, de incompreensões, de problemas, como se essas ocorrências não fossem esperadas.

O preço da realização é o contributo pessoal daquele que se candidata ao empreendimento. Quando aguarda compreensão e apoio, de alguma forma, mesmo que inconscientemente, anela pela retribuição, pelo reconhecimento. Quando está inspirado pelo sentimento de amor e de abnegação, não lhe pesam as cargas de aflição que inevitavelmente ocorrem.

Todo movimento altera a ordem vigente, porque não existe repouso no Universo. O mais débil repercute no lado oposto do local em que teve origem, conforme a qualidade e a força de emissão da onda.

Esse intercâmbio altera a estrutura do planeta e da Humanidade que o habita, mantendo o ritmo a que tudo se submete.

É natural que, entre as criaturas, os reflexos emocionais, sociais e mentais igualmente tenham vigência, produzindo os efeitos compatíveis que lhes são correspondentes.

Enquanto vicejam os estágios inferiores do processo de desenvolvimento moral e espiritual dos seres humanos, as lutas se fazem inevitáveis.

Libertação do sofrimento

Não importa que os empreendimentos sejam enobrecedores; aliás, em razão disso mesmo, porque irão alterar o meio ambiente e aqueles que o habitam, provocam reações equivalentes às suas necessidades.

Toda vez que se impõem as necessidades de transformação moral em qualquer segmento da sociedade, logo se levantam as forças dominantes acostumadas ao desequilíbrio, tentando obstaculizar a marcha do progresso.

Desse modo, é inevitável que sejas chamado às lutas abençoadas da construção do mundo melhor pelo qual todos ansiamos, sofrendo dificuldades e acrimônias.

⁂

Não descoroçoes nos empreendimentos dignos e nas realizações edificantes porque defrontas empecilhos e incompreensões.

Paga o justo preço de transformar a sociedade para mais ditosa, iniciando o mister em ti mesmo, através da alegria de viver, da maneira saudável de enfrentar os obstáculos, de persistir no bom combate.

O caminho da edificação é longo e calçado de escolhos que devem ser retirados gentilmente.

Enquanto outros reclamam, sê tu aquele que louva.

Diante dos que se rebelam, permanece em paz.

Em face do desencanto dos imediatistas, que esperam alterações miraculosas e sem esforço pessoal, persiste com calma, nunca avançando em demasia nem recuando com precipitação.

Cada passo deve ser dado com segurança, tornando-se alicerce para os futuros empreendimentos.

Narra uma história *sufi*, que um rei dedicado ao seu povo, sentindo-se incompreendido, resolveu testar o comportamento geral de maneira muito especial.

Acompanhado por alguns servos, em um amanhecer ainda em sombras, mandou colocar uma pedra de grande porte na curva de uma estrada muito movimentada.

Terminado o serviço e vestido com simplicidade, disfarçando a majestade, ficou, a regular distância, observando as reações dos viajantes.

Logo cedo, apareceram alguns cavaleiros que iam à caça. Surpreendidos pelo inusitado na estrada, passaram a reclamar com azedume, referindo-se à negligência administrativa e ao desinteresse do rei pelos seus governados.

Logo depois, veio uma carruagem em alta velocidade, e, defrontando o impedimento, o cocheiro freou o veículo em tempo, desviando-o, enquanto praguejava, revoltado.

Um grupo militar que realizava exercícios físicos, correndo, surpreendido pela pedra na curva, esbravejou, acusando os responsáveis pela manutenção da via, seguindo adiante com revolta...

Assim passou todo o dia. Cada pessoa que defrontava o obstáculo, reclamava, referia-se às autoridades, mas não fazia nada de proveitoso.

Ao cair da tarde, desencantado, o rei preparava-se para mandar retirar o impedimento, quando notou uma camponesa que vinha caminhando com a enxada ao ombro e, surpreendida com a pedra no caminho, parou, meditou, e comentou em meia voz: – Que estranho! Nunca havia notado esta pedra aqui! É muito perigoso.

Deixando a enxada à margem, tentou empurrar a pedra volumosa para o outro lado, o que conseguiu a muito esforço.

Quando ia aplanar a terra, notou uma caixa de ferro que se encontrava embaixo e uma nota que dizia:

"Este é um presente para quem removeu a pedra. Enquanto alguns reclamam e nada fazem, merece prêmio aquele que se preocupa em evitar desastres sem queixar-se ou irritar-se."

Desse modo, todo aquele que se dispõe a servir nunca deve reclamar das dificuldades que defronta; antes, cabe-lhe o dever de melhorar o caminho para todos quantos vêm depois.

❖

Abraçando o ideal de construir o bem onde te encontres, mantém-te paciente e otimista.

Elegeste o serviço no qual te afervoras, não tendo motivos para reclamações ou queixumes.

Entregas-te ao ministério do auxílio porque te sentes feliz com isso, portanto, disposto a contribuir em favor do mundo melhor.

Não te canses de amar, nem te recuses a servir. A verdadeira felicidade pertence sempre àquele que trabalha e semeia luz pelo caminho em sombras.

Jesus, o Celeste Servidor, até hoje continua ajudando as criaturas humanas a encontrar o rumo da libertação, sem qualquer azedume ou desencanto, embora a ingratidão de quase todos para com Ele...

24

REFLEXÕES SOBRE DEUS

É compreensível a ânsia da inteligência humana para interpretar todos os enigmas do Universo. À medida que aumenta o conhecimento, amplia-se o elenco das percepções de outras questões que se apresentam desafiadoras.

No período caracterizado pela ignorância medieval, a *fé cega* impunha limites em torno da compreensão das incógnitas de que se revestiam a vida e todas as suas expressões, a Natureza e o Cosmo.

Reduzido o conhecimento e ameaçado pela perversidade dominante, bastavam as informações irrelevantes para asserenar-se o pensamento indagador, mesmo que à força da crueldade e da ignorância.

Nada obstante, Espíritos missionários encarregados de ampliar os conhecimentos através da inteligência emboscaram-se no corpo somático, trazendo as informações seguras do mundo causal, a respeito da realidade, e, a pouco e pouco, foram sendo desvendados os *mistérios,* que não passavam de pobreza da percepção e do entendimento das leis que regem tudo.

A mística religiosa, simplista e primitiva, reduzia tudo que se ignorava à condição de *mistério,* que o ser humano não tinha o direito de penetrar, permanecendo no atraso em que se encontrava.

Apesar disso, rompendo limites e destruindo barreiras, esses apóstolos da cultura demonstraram que tudo quanto se ignora faz parte do infinito conjunto de realidades que aguardam análise e pesquisa, a fim de serem decifradas.

Muitos deles, conservando no inconsciente profundo as reminiscências trazidas da esfera espiritual, encetaram empreendimentos de investigação que resultaram nas ditosas descobertas que facilitaram a sua, assim como milhões de outras vidas do seu tempo, tanto quanto aquelas que viriam depois.

Utilizando-se da óptica, foram criados telescópios que penetraram no quase insondável do infinito e descobriram as galáxias, desmistificando a tese das *lanternas mágicas* que iluminavam as noites, assim como, por meio dos microscópios, desvendaram o reino das partículas que constituem a matéria, ensejando que as ciências como a Física, a Química, a Biologia, a Fisiologia, a Astronomia e aquelas que surgiram oportunamente pudessem estudar o que parecia impenetrável e equacionar até mesmo o imponderável...

As doutrinas psicológicas abriram o campo do entendimento em torno dos complexos mecanismos do ser pensante, e inúmeros conflitos e distúrbios de conduta puderam ser conhecidos e solucionados, dando dignidade ao ser humano, que estorcegava nas garras invisíveis de rudes sofrimentos.

Libertação do sofrimento

A Medicina pôde compreender o mecanismo das doenças e oferecer melhor qualidade de vida aos seres humanos, arrancando-os das tenazes diaceradoras das aflições inomináveis.

As doutrinas filosóficas romperam o classicismo ancestral e abriram vertentes que facilitaram o melhor entendimento para a vivência de condutas não castradoras, proporcionando mais ampla compreensão acerca do fenômeno da vida e dos relacionamentos humanos.

A Sociologia abriu as portas aos *direitos humanos,* às responsabilidades perante a vida, sob o amparo das ciências das leis, enquanto a Ecologia elaborou programas de preservação da Natureza e do planeta, responsabilizando todos os seres predadores, particularmente o humano, pelos efeitos danosos que advêm da sua conduta extravagante.

Inúmeras ciências, na atualidade, trabalham harmonicamente com outras, tais como as neurociências, a Biologia molecular, a Genética, com a sua engenharia em torno do DNA, procurando encontrar nos genes a estrutura histórica da evolução da vida.

Em todo esse magnífico complexo de conquistas e informações, Deus permanece como o *Grande Enigma,* aguardando a compreensão da inteligência humana e o amor do humano sentimento.

❖

Considerando-se Deus como a *Causa Incausada* do Universo, é compreensível que não possa ser abarcado pela inteligência de um só golpe, numa reflexão cultural externa.

Tendo-se o entendimento de que se trata da *Inteligência Suprema e Causa Primeira de todas as coisas,* conforme O definiram a Allan Kardec os instrutores desencarnados da Humanidade,[2] somente Deus pode entender Deus.

Compreender o Absoluto é torná-lO relativo e limitado.

Interrogado sobre a origem do Universo, sem a presença de Deus, nobre físico quântico informou: *"Existem no Universo duas forças: uma de natureza intrínseca e outra de natureza extrínseca, que deram origem a tudo quanto existe. Se alguém perguntar-me: e quem fez essas forças? – a resposta é simples: uma força superintrínseca e outra força superextrínseca... E sucessivamente...*

Compreender Deus não significa submetê-lO ao limite do intelecto humano, ainda incapaz de voos mais ousados no entendimento das Leis que vigem em toda parte.

Sendo a Causa Absoluta, mediante os efeitos vai-se lentamente entendendo a Sua magnitude e grandeza.

Quando a mente alcançou as micropartículas e percebeu a existência de outras ainda menores mais desafiadoras, foi constrangida a passar da compreensão derivada do material para o conceito das probabilidades matemáticas, conforme alguns estudos na física quântica ou das ousadas concepções...

De igual maneira, ao serem descobertos os *quasares azuis,* o conceito do Universo infinito passou a ser modificado, porquanto se começou a crer que as partículas que saíram da *grande explosão* fugindo do epicentro terminaram por alcançar-lhe a borda que as faz retornar, produzindo esse efeito por ocasião do encontro com as que ainda estão avançando na direção de onde aquelas voltam...

---

[2] *O Livro dos Espíritos,* de Allan Kardec, questão nº 1 (nota da autora espiritual).

Lentamente, porém, o conhecimento científico e tecnológico vai conseguindo identificar Deus na criação, em face da ordem vigente em tudo e em toda parte, mesmo no denominado caos...

Merece recordar-se a resposta de Santo Agostinho, quando foi interrogado sobre a existência de Deus.

Disse ele: – *Se ninguém me pergunta quem é Deus, eu sei; mas se me perguntam, eu não sei.*

Buda, por sua vez, esclarecia: – *Somente Deus, o Espaço e o Infinito podem definir o Infinito, o Espaço e Deus...*

Logicamente, se qualquer um deles passar a ser contido na mente humana, logo deixam de ser o que é e conforme se apresentam, tornando-se finito, limitado e deus...

Abarca, porém, a grandeza de Deus, contemplando a Sua obra e deslumbrando-te com ela, nas mais complexas manifestações que consigas alcançar.

Pergunta, por outro lado, ao amor, como compreender Deus, e ele produzirá peculiar emoção interna que te proporcionará repouso e paz.

Desse modo, avança no conhecimento, na investigação, no estudo, trabalhando e trabalhando-te, sem cessar, e, quando menos esperes, Deus estará emboscado no teu sentimento, no teu discernimento, na tua vida.

❖

Por considerar extemporâneo falar sobre Deus em toda a Sua grandiosidade, no tempo em que esteve na Terra, Jesus, em Sua magnífica sabedoria, sintetizou todas as conceituações sobre Ele, dizendo, com simplicidade, que é o Pai.

Na condição de Genitor Único, é a *Inteligência Suprema e Causa Primeira de todas as coisas,* isto é: *a Causa Incausada.*

25

TOLERÂNCIA E CONIVÊNCIA

Confunde-se, quase sempre, uma atitude de tolerância como anuência com o erro, uma forma gentil e diplomática de se estar de acordo com algo que fere o bom-tom, o equilíbrio, os costumes saudáveis.

A tolerância é uma forma de respeito pelo outro indivíduo, por cujo comportamento se lhe demonstram consideração e amizade, em atitude de equilíbrio e não violência contra a sua forma de ser e de proceder.

É natural que se deseje a preservação da ordem em todo lugar, assim como dos propósitos edificantes que trabalham pela harmonia do grupo familiar e da sociedade. Nada obstante, tendo-se em vista os diferentes níveis de consciência em que estagiam as criaturas, compreende-se que há uma diversidade considerável de conceitos e de comportamentos, nem sempre compatíveis com a educação, as leis e a convivência humana.

Em assim sendo, não se pode esperar que todos os indivíduos mantenham a mesma maneira de proceder, conduzam-se dentro das diretrizes que fomentam o progresso e a paz.

Ei-los, portanto, que se apresentam com as características que lhes formam a personalidade, muitas vezes portadores de azedume, de agressividade, de individualismo doentio...

As suas opiniões são divergentes do bom senso, do estabelecido como saudável, preferindo manter-se à margem da corrente do bem, em situação sempre oposta a tudo quanto trabalha pela harmonia.

Tolerá-los é dever de todos aqueles que se encontram em nível superior de discernimento, a fim de não lhes piorar a situação deplorável em que estagiam, nem abrir áreas de litígio desnecessário que somente agrava os relacionamentos humanos.

A tolerância é filha da amizade e irmã da educação, porque ensina sem palavras como todos se devem comportar, especialmente em relação de uns para com os outros.

Compreender o limite intelecto-moral do seu próximo deve ser a atitude de todo aquele que já vislumbra a fraternidade, podendo distinguir as variantes da conduta humana e selecionar aquelas que lhe devem constituir roteiros de segurança para as conquistas da evolução.

Esse comportamento é de alta significação para a construção da sociedade harmônica, concedendo a todos os mesmos direitos de liberdade de pensamento, de palavra e de ação, embora nem sempre se concordando com eles.

Não impor as próprias ideias, expondo-as com oportunidade e discernimento, a fim de não ferir convicções nem agredir condutas, constitui a maneira mais condizível com o bem viver.

Na condição de animal gregário que deve viver em comunidade, o ser humano não se deve permitir a presunção de ter-se em conta de irretocável, dando a impressão de que todos se encontram equivocados e apenas ele é conhecedor e praticante do certo, da verdade...

A presunção, sob qualquer aspecto considerada, é lamentável comportamento agressivo, que desrespeita os valores das demais pessoas.

Apesar dessa necessidade de tolerar-se, nunca permitir-se a conivência com o erro, com tudo aquilo que agride os valores considerados dignos e fomentadores do progresso humano.

A tolerância é um sentimento de compreensão fraternal em relação ao outro, àquele que se encontra em diferente patamar de entendimento da vida.

É necessário que o ser revista-se de coragem para aceitar a conduta diferente como a que melhor se adapta àquele indivíduo, mantendo-se perfeitamente coerente com a sua maneira de entender e de considerar a vida e os seus valores.

Coragem que não se dobra submissa em forma de ridícula humildade ou de subserviência humilhante.

A lealdade para se estar ao lado de quem pensa e age incorretamente, mesmo que não concordando, e demonstrando-o sem palavras, através da conduta correta, é manifestação edificante de tolerância.

O que não é correto não pode adquirir cidadania, seja por intermédio de quem for. É comum valorizar-se determinados conceitos, tendo-se em vista as pessoas que os expendem. Não é, porém, o indivíduo que dá dignidade à ideia, mas é ele quem se honra com ela. Uma opinião elevada, enunciada por um idiota, não perde o seu conteúdo em razão daquele que a apresenta, assim como uma asnice dita por um intelectual não se transforma num conceito relevante.

O processo evolutivo de natureza ético-moral não pode ser visto como uma vertical impecável ou uma horizontal perfeita, sem nuanças e oscilações, porque toda aprendizagem resulta das experiências do erro e do acerto.

Desse modo, as variantes para cima ou para baixo proporcionam uma inclinada na qual as conquistas novas se estruturam sobre as anteriores, sofrendo algumas descidas, mas sempre ascendendo...

A tolerância faz parte desse projeto de crescimento, porquanto desenvolve os nobres sentimentos da amizade, da compaixão, que se transformam em amor e caridade, à medida que se aprofundam no cerne do Espírito.

Quando se *conive*, demonstra-se a debilidade de caráter, que não possui a qualidade da decência para divergir sem agredir, exteriorizando insegurança moral diante do que se sabe, daquilo em que se crê.

É muito sutil a linha divisória entre ser tolerante e conivente, sendo necessária uma boa dose de sabedoria para os relacionamentos humanos.

Quando alguém esposa uma ideia que lhe parece a mais compatível com a felicidade, a que melhor elucida os enigmas da vida, logo lhe ocorre o desejo de comparti-la com familiares, amigos, com as pessoas gratas... Às vezes, no natural entusiasmo do deslumbramento inicial, apresenta-a a todos, confiando que será bem entendido e a sua mensagem aceita, chocando-se, quando defronta resistência, tombando no ressentimento e na amargura...

Libertação do sofrimento

É de bom alvitre ter-se em mente que, aquilo que constitui razão de júbilo e de felicidade para uns, não o é para outros.

Essas diferenças conceituais e ideológicas formam o painel de beleza que deve, por enquanto, viger no mundo, permitindo que cada membro da sociedade apresente-se como é, no maravilhoso esforço de crescimento para a unificação, nunca para a uniformização, a igualdade perfeita...

É utopia imaginar-se uma sociedade com todos os seus membros harmonizados, unidos em iguais sentimentos, no atual estágio moral do planeta terrestre...

Cada qual possui metas específicas que pretende alcançar, e o papel do companheiro, do amigo, é o de cireneu, de auxiliar discreto e generoso.

Ninguém cuja tolerância se equipare à de Jesus.

Compassivo, entendia todas as misérias humanas, suas necessidades e aflições.

Generoso, sempre esteve às ordens daqueles que O buscavam.

Nunca se entediou com as pequenezas e irrelevâncias a que as criaturas davam superior importância.

Apesar disso, jamais compactuou com a hipocrisia dominante, com a pusilanimidade dos enganadores e mentirosos, sendo austero e definitivo, especialmente diante da classe sacerdotal e do farisaísmo poltrões, invectivando a conduta desses servos da pequenez moral com severidade, chamando-os de *"sepulcros caiados de branco por fora, sendo dentro somente podridão,"* ou *"raça de víboras, até quando vos suportarei?"*...

Com a Sua autoridade e a percuciência que penetrava o âmago dos sentimentos humanos, podia falar-lhes com franqueza, desnudando-os.

Provavelmente, mesmo sendo tolerante, ocasião se te apresentará oportunamente em que se tornará necessário um comportamento austero, mais ou menos dessa natureza, no entanto, sem ressentimento ou rancor, sem ódio ou desprezo por aquele que se encontre na situação infeliz...

26

IMORTALIDADE: TRIUNFO DO ESPÍRITO

A imortalidade é de todos os tempos. A ameba, por exemplo, sendo um dos organismos unicelulares mais simples, pode ser considerada como *imortal*, porquanto, à medida que envelhece, graças ao fenômeno da mitose, dá lugar a duas outras, ricas de vida, e assim sucessivamente. Jamais ocorre a *morte* do elemento inicial.

Assim sucede com a vida humana, do ponto de vista do ser espiritual, que enseja a cada um experienciar o que é sempre de melhor para si mesmo.

O impositivo que se apresenta é o de viver o presente, em razão de o passado apresentar-se já realizado, enquanto o futuro se encontra ainda em construção.

Atingir o máximo das suas possibilidades no momento que passa, constitui o desafio que não pode ser ignorado.

Essa mecânica, porém, é produzida pelo amor, que deve orientar a inteligência na aplicação das suas conquistas.

Isto significa um esforço individual expressivo, que se torna coletivo em benefício do conjunto social.

À semelhança do que ocorre no organismo, em que nenhuma célula trabalha unicamente em favor de si mesma, porém do conjunto que deve sempre funcionar em harmonia, vão surgindo os padrões de comportamento que dão lugar às tendências universais acerca da vida que se processa de acordo com o mecanismo da evolução. Cada parte que constitui o órgão está sempre preparada para transformar-se em favor de um elemento maior e mais expressivo. É uma verdadeira cadeia progressiva, infinita, até o momento em que se encerra o ciclo vital e a matéria se desagrega em face do fenômeno biológico da morte.

Todo esse processo tem lugar sob o controle do Espírito, que modela a organização de que se serve através do seu invólucro semimaterial, e quando se dá a desarticulação das moléculas, eis que se libera e prossegue indestrutível no rumo da plenitude, quando se depura de todas as imperfeições resultantes do largo período da evolução.

Essa busca pode ser também denominada como a da iluminação, cuja conquista elimina o medo dos equívocos, da velhice, das doenças, da morte, porquanto enseja a consciência da imortalidade, dessa forma, do prosseguimento da vida em todas as suas maravilhosas nuanças que se apresentam em outras dimensões, em outros campos vibratórios.

Essa iluminação propicia o despertar do sonho, da ilusão em torno dos objetivos da existência, tornando o ser consciente de tudo que pode realizar por si mesmo e pela sociedade.

Por mais que postergue essa conscientização, momento chega em que o Espírito sobrepõe-se ao *ego* e rompe o limite do intelecto, conquistando a visão coletiva sobre o infinito.

É quando se autoanalisa, voltando-se para dentro e descobrindo os tesouros inabordáveis da imortalidade, buscando no *coração* as forças que lhe são necessárias para a entrega à autoiluminação.

Como bem assinalou Jesus: *O Reino dos Céus está dentro de vós;* portanto, do Espírito que se é, e não do corpo pelo qual se manifesta.

Esse mecanismo é possível de ser logrado quando a pessoa resolve-se pela remoção das trevas que ocultam o conhecimento de si mesma, deixando-a confusa, a fim de que se estabeleça a pujança do amor franco e puro, gentil e corajoso que não conhece limites...

❖

A imortalidade é, pois, a grande meta a ser atingida.

Cessasse a vida, quando se interrompesse o fenômeno biológico pela morte, destituída de significado seria a existência humana, que surgiu em forma embrionária aproximadamente há dois bilhões de anos... Alcançando o clímax da inteligência, da consciência e das emoções superiores, se fosse diluída, retornando às energias primárias, não teria qualquer sentido ético-moral nem lógico ou racional.

Muitos, entre aqueles que assim pensam, cuja vida se extingue com a morte, certamente se rebelam contra os conceitos ultrapassados de algumas doutrinas religiosas acerca da Justiça Divina após a morte, com as execuções penais de natureza eterna e insensata.

Considerada, porém, como o oceano gerador da vida, a imortalidade precede o estágio atual em que se movimenta o ser humano e sucede-o, num *vir a ser* progressista sempre melhor e mais grandioso.

Existe o mundo imaterial, causal, de onde procede o hálito da vida, que impregna a matéria orgânica e a impulsiona na sua fatalidade biológica, e aguarda o retorno desse *princípio inteligente* cada vez mais lúcido e rico de complexidades do conhecimento e do sentimento.

Desse modo, o sentido existencial é o de aprimoramento pessoal, com o consequente enriquecimento defluente da sabedoria que conduz à paz.

Ninguém se aniquila pela morte.

A melhor visão a respeito da imortalidade é contemplar-se um cadáver do qual se afastou o agente vitalizador, o Espírito que o acionava.

Não morrendo jamais a vida, todo o empenho deve ser feito em seu favor, de modo que a cada instante se adquiram melhores recursos de iluminação, de compaixão, de beleza, de harmonia.

Desse modo, não morreram também aqueles que a desencarnação silenciou, velando-os com a paralisia dos órgãos a caminho da decomposição.

Eles prosseguem na caminhada ascensional e mantêm os vínculos sentimentais com aqueloutros que lhes eram afeiçoados, ou não, deles recordando-se e desejando intercambiá-los, a fim de afirmar que continuam vivendo conforme eram.

Se fizeres silêncio íntimo ao recordar-te deles, em sintonia com o pensamento de amor, eles poderão comunicar-se contigo, trazer-te notícias de como e de onde se encontram, consolando-te e acalmando-te, ao tempo em que te prometem o reencontro ditoso, mais tarde, quando também soar o teu momento de retorno.

Em vez da revolta inútil porque se foram, pensa que a distância aparente é apenas vibratória e conscientiza-te de que nada aniquila o amor, essa sublime herança do Pai Criador.

Utiliza-te das lembranças queridas e envia-lhes mensagens de esperança e de ternura, de gratidão e de afeto, de forma que retemperem o ânimo e trabalhem pela própria iluminação, vindo em teu auxílio, quando as circunstâncias assim os permitirem...

Não os lamentes porque desencarnaram, nem os aflijas com interrogações que ainda não te podem responder.

Acalma a ansiedade e continua amando-os, assim contribuindo para que permaneçam em paz e cresçam na direção de Deus, sendo felizes.

A morte é a desveladora da vida em outras expressões.

Jesus retornou da sepultura vazia para manter o contato com os corações queridos, confirmando a grandeza da imortalidade a que se referira antes, demonstrando que o sentido existencial é o da aquisição dos tesouros do amor e da amizade, para a conquista da transcendência.

Ora pelos teus desencarnados, envolve-os em carinho e vive com dignidade em homenagem a eles, que te esperam além da cortina de cinza e sombra, quando chegar o teu momento de libertação.

27

RELACIONAMENTOS ESPIRITUAIS

O intercâmbio entre os encarnados e os desencarnados é fenômeno natural que ocorre mesmo sem o conhecimento de uns, dos outros ou de ambos.

Em face da Lei das Afinidades que vige em toda parte no Universo, há uma identificação vibratória entre os seres humanos de ambos os planos da vida, como consequência das suas aspirações, dos seus pensamentos, da sua conduta.

Por si mesmos sintonizam de forma consciente ou não os deambulantes do veículo carnal com aqueles que se despiram da indumentária orgânica.

Desconhecedores de que se encontram noutra dimensão, pelo fenômeno da morte biológica, mas não desintegrados, como afirmavam os materialistas ou fixados em regiões definidas que os aguardavam no Além-túmulo, como asseveram algumas doutrinas religiosas, a mediunidade proporcionou-lhes o imenso campo de que necessitam para comunicar-se.

Graças a essa faculdade, podem manter o relacionamento ostensivo ou não com aqueles que ficaram na retaguarda material, narrando-lhes as ocorrências de que participam, das dores e alegrias que lhes caracterizam a estância espiritual, sobre os sentimentos que os tipificam, fazendo parte ativa da sociedade do planeta terrestre.

Alguns podem ser considerados como as *forças vivas e atuantes* nos diversos fenômenos da Natureza, igualmente na condição de protetores e guias espirituais, amigos ou adversários das criaturas humanas, constituindo a denominada *população invisível,* mas presente.

Em número consideravelmente maior do que aqueles que formam as comunidades físicas, aguardam a oportunidade para o renascimento na carne, a fim de darem curso ao processo de evolução a que todos se encontram destinados.

Sofrem ou rejubilam-se, são felizes ou desventurados, conforme as experiências vivenciadas quando estiveram no orbe, constituindo-se exemplos, advertências benéficas para aqueles que jornadeiam no mundo.

Suas lições de vida oferecem diretrizes de segurança para que não se repitam nos seres humanos as aflições que hoje padecem, nem os desencantos que lhes exornam o comportamento.

Porque se comprazem em manter o intercâmbio com os encarnados, merecem carinho e respeito; no entanto, devem ser considerados de acordo com o seu nível de evolução, nem como santos, nem como demônios, exceção feita aos missionários do amor e da caridade, sendo vistos como as almas daqueles que partiram da Terra e continuam vinculados ao seu magnetismo.

Na antiguidade, eram tidos como gênios e deuses, em razão do estágio em que a cultura se desenvolvia.

A pouco e pouco, assumiram a postura de guias benevolentes ou de demônios vingativos dos povos, que os conduziam para o bem ou para o mal, orientando ou punindo as criaturas.

Libertação do sofrimento

Muitas vezes assumiram a condição divina, a fim de melhor induzir os povos ao crescimento intelecto-moral com vistas à felicidade que a todos está reservada.

Na Idade Média, em razão da ignorância vigente em toda parte e das superstições religiosas, passaram a ser denominados como seres satânicos, perseguidos e odiados pelo obscurantismo perverso e insano.

Com o advento da Doutrina Espírita, porém, adquiriram a qualidade que lhes é inerente, na condição de seres espirituais em processo de crescimento para Deus.

❖

Diante deles, considera o próprio comportamento, esforçando-te moralmente para o aprimoramento interior, tendo em vista que vieste do mundo espiritual para o físico com objetivos relevantes, e que, ao deixares o corpo, volverás ao Grande Lar conduzindo os valores que amealhares, tanto os edificantes quanto os perturbadores.

Desse modo, não os temas nem os deifiques. São teus irmãos do caminho de ascensão que participam das tuas realizações, aprendendo e renovando-se continuamente.

Conscientizando-se dessa população que envolve a Terra, poderás aprimorar as tuas percepções, a fim de manteres contato mais lúcido e edificante com eles, os teus irmãos espirituais, ajudando-os se estão em sofrimento, ou sendo ajudado, caso necessites de apoio e inspiração.

Felizmente, a sociedade alcançou um nível cultural e ético no qual pode compreender a realidade da vida nas duas faces de que se constitui entre os seres humanos: a física e a espiritual.

Sendo o berço a porta de entrada no corpo, o túmulo representa a passagem de saída, sem que se produzam alterações significativas.

Cada Espírito é a soma das suas realizações, através das quais adquire sabedoria, ampliando a capacidade de desferir voos audaciosos com as *asas* do desenvolvimento intelectual e afetivo: conhecimento e amor.

O conhecimento é sempre mais fácil de ser conquistado, como efeito do treinamento mental, enquanto que o sentimento de amor exige maior esforço, em razão de ser uma luta interior, transformando impulsos perturbadores e instintos agressivos em manifestações de afeto.

Como ainda existe a *predominância da natureza animal em detrimento da espiritual* nos seres humanos, o processo autoiluminativo que decorre da conquista da sabedoria é mais penoso; no entanto, muito mais compensador.

Em cada passo, conseguem-se conquistas sutis e preciosas, dando significado psicológico à existência que a torna apetecida, digna de experienciada, sem as cargas ultrajantes dos conflitos internos nem dos problemas de relacionamento, sempre geradores de sofrimentos e angústias.

O contato com esses amigos espirituais trabalhará em favor da tua libertação dos medos, das perdas, das expectativas afligentes.

Aprenderás, conforme o Eclesiastes, que há tempo *para semear e para o juízo,* assim como para colher e realizar.

Trabalhando-te interiormente fiel ao propósito da aquisição da paz, não te afadigarás com os tormentos da ansiedade, que somente complicam o comportamento daquele que aspira pela conquista da plenitude.

Libertação do sofrimento

Esses amigos espirituais com os quais te relacionarás diminuirão a tua solidão, preenchendo os espaços vazios da tua existência com carinho e inspiração, para não desistires nunca de lutar pelo bem.

Constatando neles a sobrevivência ao fenômeno da morte, inusitada alegria te invadirá o ser ante a nova dimensão em que se desenvolve a vida, estimulando-te a novas conquistas e renovadas atividades.

Viajor das estrelas, o Espírito é de procedência divina, portador de inesgotáveis recursos que a ação dignificadora e o tempo irão desenvolvendo.

Avança, pois, com os teus relacionamentos espirituais, selecionando, pela conduta exemplar, aqueles com os quais poderás conviver de maneira útil, de forma que, ao terminares o compromisso terreno, sigas na direção da espiritualidade enquanto eles estarão vindo jornadear no corpo, contando contigo...

❖

Narra Plutarco, o insuspeito historiador romano, que o general Brutus encontrava-se num dos muitos campos de batalha, em uma noite serena em que todos dormiam, quando, subitamente, apareceu-lhe um ser espiritual pavoroso que lhe disse: – *Eu sou o teu anjo mau, e tu me verás perto da cidade dos filipenses...*

Brutus, aturdido, respondeu: – *Está bem, pois eu te verei lá.*

De imediato, o ser espiritual desapareceu.

O general romano chamou os seus auxiliares e indagou sobre essa personagem, que ninguém tivera ocasião de ver.

Posteriormente, no ano 44 a.C., estando na Macedônia, foi vencido por Antônio e Otaviano, em sangrenta batalha na cidade de Felipos, e, para evitar ser conduzido como escravo e arrastado pelas ruas de Roma, atirou-se contra uma lança, encerrando a existência física, assim se cumprindo a ameaça infeliz...

Sintoniza com Jesus, o *Senhor dos Espíritos,* e Ele te guiará com segurança em todos os campos de batalha da tua evolução espiritual.

28

OPULÊNCIA MATERIAL E DEGRADAÇÃO MORAL

São deslumbrantes, sem dúvida, as obras colossais que o poder econômico vem produzindo através dos tempos, remunerando artistas inspirados e técnicos incomuns, na construção de castelos monumentais e galerias suntuosas, nos quais a extravagância atinge níveis inimagináveis de beleza e glória.

Alfombras e tapetes bordados em tecidos valiosos, ornados com ouro e pedras preciosas, lustres, taças, copos, utensílios de alto preço e espelhos de cristal artisticamente trabalhados, porcelanas finíssimas e móveis decorados com pedras preciosas, madrepérolas e madeiras raras embutidas, mármores variados e raros, blocos imensos de calcário que se transformaram em estátuas de beleza inimaginável, miniaturas e metais de todos os tipos em finas e fortes modelagens, expressam a grandeza da imaginação e da arte que, por um dia, agrada os olhos e a vaidade dos opulentos, entediados na exorbitância do poder terreno...

Pinturas de esplêndida fidelidade aos modelos que retratam – paisagens, pessoas, animais, cerimônias, celebrações, guerras, fome e misérias, o belo e o feio –, emolduradas com esmero e bem elaborados caixilhos, cobrem paredes forradas ou não de veludos e de damasco, adornando-as, tetos trabalhados oferecem cenas fantásticas de deuses e de anjos, de santos e de apóstolos, de mulheres inolvidáveis e de ninfas encantadoras, sobre salas, quartos, escadas de calcário metamorfizados e recristalizados, brilhantes e recortados...

Jardins edênicos, enfeitados por fontes e estátuas grandiosas, bosques paradisíacos, haras e cavalariças com animais *puro-sangue,* carruagens guarnecidas de plumas raríssimas e ouro, completam os conjuntos majestosos para esses usufrutuários dos bens terrenos, enquanto a miséria e o abandono infelicitam os camponeses, os operários esfaimados e os citadinos esquecidos, a orfandade, a velhice desconsiderada, as doenças deformantes, todos estorcegando na condição em que se encontram, olhando o desfile contínuo da insensatez e do desperdício.

Com o sangue e o suor dos oprimidos que as guerras perversas submetem, com a rapina do espólio das cidades vencidas e incendiadas com incontáveis mortos e mutilados que ficam para trás, são erguidos esses monumentos de pedras, cercados de muralhas e fossos defensivos, para que a ostentação embriague os seus habitantes enfastiados que se atiram aos banquetes intérminos e às festas voluptuosas, na busca de sensações novas, para os corpos amolentados pela sucessão de prazeres aos quais se escravizam.

Embora toda a grandeza e força política, religiosa, econômica de que dispõem, não se eximem às enfermidades, à velhice, à morte, ou quando não são assassinados antes do tempo ou arrastados pelas ruas sob o apupo daqueles mesmos que os homenageiam por um dia, e logo nos veem em desgraça, ante a vitória de outros sicários mais arrogantes e perversos...

O poder no mundo é como uma chama que arde enquanto o combustível a sustenta, logo deperecendo e apagando-se quando ele se consome, fazendo-a brilhar.

Normalmente, os vitoriosos de um momento transformam-se nos infortunados de outro, isto quando não colocam nas faces gastas e obscenas as máscaras dos risos mentirosos e da felicidade em disfarce.

Conflitos terríveis os desgovernam interiormente, levando-os às fugas espetaculares da alucinação e dos jogos enganosos do prazer, para não terem tempo de pensar nas próprias penas e angústias que os desgovernam.

Submetem muitos áulicos e controlam os vencidos que arrastam na sua infame glória, incapazes de administrar os próprios prejuízos morais que os martirizam em silêncio insuportável.

Também se encontram em provações muito significativas de que não se dão conta, porque as têm sempre como sendo a miséria e a dor.

O poder, a fortuna, a beleza, a fama e outros artifícios que adornam as existências de alguns indivíduos são graves provas de que todos terão que dar contas ao Administrador Celeste, e, conforme a maneira como se desincumbirem, escrevem o futuro de paz ou de aflições inomináveis para eles mesmos.

Todas as criaturas humanas transitam por idênticas faixas de evolução, adquirindo as experiências iluminativas necessárias à conquista de si mesmas.

Ninguém que avance pela trilha da reencarnação em regime especial...

Deslumbras-te com as belezas dos monumentos, com a arte e o esplendor que apresentam; considera, porém, que expressam a inspiração que vem do Grande Lar que os artistas captam e materializam na Terra.

Fascinas-te com a harmonia e a magnificência das obras que imortalizam os seus autores; mas reflexiona que elas ainda são uma pálida cópia do esplendor em que se encontram no Mundo Causal.

Comovem-te esses impressionantes conjuntos de criações artísticas e passeias os olhos úmidos por esses fascinantes trabalhos; no entanto, compara-os com a delicadeza de uma pequenina flor, com a leveza de um colibri parado no ar, com o canto de um canário ou de um rouxinol, com uma folha de qualquer planta, com o milagre que consegue uma raiz arrancando da terra o de que necessita para que a vida permaneça e os fenômenos que a mantêm ocorram naturalmente.

Tudo que o poder humano consegue fazer em benefício do orgulho e do egoísmo, cedo ou tarde se transforma em patrimônio da Humanidade, queiram ou não os seus atuais proprietários, narrando a história do seu tempo, sugerindo encantamento, assinalando a evolução, promovendo o pensamento e engrandecendo a vida. Entretanto, o hálito divino que a tudo vivifica e também impulsiona aqueles que se entregam às edificações e embelezamentos dos edifícios e santuários, dos palácios e museus, permanece sustentando os sofredores que erguem as palhoças, as palafitas e favelas em que vivem estremunhados e a sós ou em volumosos grupos, transferindo de um para outro lugar os seres nas sucessivas reencarnações.

Libertação do sofrimento

Sem dúvida, essas superiores expressões da arte e da beleza produzem encantamento e enobrecem a sociedade que vive à caça dos tesouros de todos os tipos, merecendo nosso respeito e nossa alta consideração.

Verdadeiros missionários do amor mergulham na roupagem carnal, em cada época, a fim de retratarem as maravilhas do Além, convidando os transeuntes da argamassa celular à superação das paixões tormentosas, para rumarem na direção da autoiluminação, a fim de se tornarem, por seu turno, artistas da paz, da fraternidade e da luz...

Aproveita o que de beleza o mundo pode oferecer-te, de modo que amplies a capacidade de enxergar para identificar a prodigiosa maravilha que existe na Criação.

Por mais grandiosa seja a labareda pintada numa tela colossal, jamais conseguirá atear um incêndio, que modesta e insignificante fagulha produz com facilidade.

Desse modo, luta, para que depois de conheceres algumas cópias da arte que vige no mundo espiritual, possas avaliá-la pessoalmente, após a viagem que farás quando convidado ao retorno pelo gentil anjo da morte...

Embora todas as belezas que extasiam o ser humano nas edificações terrestres, nunca te olvides das realizações morais, aquelas que exornam o Espírito com as luzes imateriais da vida transcendente.

Sofre, se estás convidado às provas dolorosas, sorrindo, porque estás libertando-te do fardo enganoso que conduziste, mas que esmagou aqueles que hoje se te acercam buscando apoio...

Sorri, se te encontras no momento do júbilo, sem olvidar-te que há muitos irmãos chorando que necessitam da tua alegria em forma de acompanhamento nas dores que padecem.

Há muita beleza na arte de ajudar e passar adiante, deixando as construções do amor e da caridade para os que vierem depois, sem pompa nem opulência corruptora transitórias...

29

JESUS E O ESPÍRITO DO MAL

Os cristãos de todos os tempos conheceram as investidas perversas do Espírito do mal, que os agrediu e sacrificou em atos indignos, com o objetivo de dificultar-lhes a dedicação ao Mestre Jesus.

A princípio, ele esteve sempre ativo perseguindo o Mestre, através de instrumentos próprios, que eram os fariseus, os saduceus, os sacerdotes e os indivíduos mesquinhos que tentaram criar-Lhe embaraços, açulando as forças dominantes para que Lhe impedissem o sublime ministério.

Conhecendo-o de perto, o amorável Amigo dos que não tinham amigos mudava de cidade a cada novo ataque, lecionando a mensagem libertadora nessas contínuas jornadas, quando a situação em cada lugar tornava-se insuportável, porque a Sua hora ainda não havia chegado.

Inúmeras vezes, investira diretamente contra Ele através dos obsidiados que encontrava e os libertava. Noutras ocasiões, apresentava-se na hipocrisia e sordidez moral daqueles que O buscavam confundir com as suas sutilezas criminosas, tentando colocar palavras equivocadas na Sua boca, a fim de criar situações complicadas.

Praticamente, em todo lugar, o Sublime Cancioneiro encontrou-o, disfarçado ou não, sempre hostil e insidioso, utilizando-se de todos aqueles que lhe permitissem a sintonia doentia.

Beneficiários da Sua misericórdia e compaixão, mesmo os companheiros do colégio galileu afetuoso tornaram-se instrumento desse cruel verdugo, que o Senhor venceu em todos os lances, cumprindo a missão para a qual viera.

Nada obstante, na Jerusalém alucinada, foi esse inditoso inimigo que enlouqueceu a massa informe e ignorante, depois de envolver os invejosos do Sinédrio que com ele conviviam mental e emocionalmente.

Mas, naquele momento já se encontrava concluída a jornada incomum, o Seu instante para o holocausto por amor havia chegado e Ele permitiu que acontecesse o mais trágico e horrendo homicídio da História...

Os Seus acusadores e indigitados inimigos não eram apenas os desconhecidos; muitos daqueles que ali estavam haviam sido beneficiados por Suas dádivas, mas se encontravam a soldo dos criminosos intelectuais que os contrataram: os *doutores,* os exploradores da ignorância do povo...

Até mesmo aquele que O vendeu, assim como aqueloutro que O negou, foram vítimas dos ardis infames desse *Lúcifer* rebelde e desventurado.

Não obstante, conhecendo-lhe a força ingrata, o Divino Benfeitor havia recomendado vigilância e oração aos amigos como terapias preventivas, e mesmo no *Getsêmani* admoestara-os para que orassem em face do perigo que rondava e logo se transformaria em abismo de sombra e dor...

O Seu amor incomparável, no entanto, conhecendo-lhe a loucura, rogou ao Pai que o perdoasse, porque o agressor não sabia o que estava fazendo através dos odientos de que se utilizava.

Ficou, desse doloroso modo, a lição, para que todos se precatassem do mal, conforme exarado na súplica contida na *Oração dominical.*

O Espírito do Mal, Legião ou Trevas! – ei-lo em atividade no mundo.

❖

Ressurge, depois da morte e ressurreição do Mestre, no assassinato de Estêvão, quando Saulo, enfermo da alma, se dispôs a persegui-lO através dos Seus seguidores, prosseguindo noutros hediondos crimes então executados: exílio, expurgo, morte...

Logo depois que Jesus lhe apareceu e convocou-o para o ministério, ei-lo novamente, agora contra aquele de quem se utilizara, usando todos os possíveis e imagináveis estratagemas para dissuadi-lo da renovação, da pregação, da vida nova...

Abandonado, sob contínua suspeita dos companheiros cristãos, perseguido de maneira inclemente, apedrejado, banido, considerado morto, nada, porém, o desanimou, e ele conseguiu vencer o inimigo com elevação.

Em Icônio, o inditoso desejou que ele assumisse a postura do deus Mercúrio, enquanto Barnabé, que o acompanhava, após os momentosos fenômenos que produziram, foi proclamado como a encarnação do deus Júpiter,[3] e porque desmistificassem a trama, o perverso tomou dos judeus intolerantes que o apedrejaram, deixando-o, em particular, quase morto...

---

[3] Atos, 13:1 e seguintes (nota da autora espiritual).

Por fim, por todo o bem que distribuiu, em Roma, nas *Águas Salvianas,* foi decapitado, em vitória grandiosa contra o indigitado Espírito do mal.

Ao longo da História, particularmente na Idade Média, ele prosseguiu combatendo o mal combate, levando a julgamentos arbitrários e a penas absurdas todos aqueles que eram fiéis a Jesus, após vencer pela vaidade e presunção aqueloutros que se diziam Seus representantes na Terra...

Jan Huss, Jerônimo de Praga, cientistas e inspirados artistas, todos os homens e mulheres que poderiam tornar o mundo melhor e vencer as sombras dominantes, sofreram a sua sanha venenosa.

Allan Kardec, o novo embaixador dos Céus, experimentou também, nas *carnes da alma,* os seus acúleos e estrangulamentos, mediante as calúnias, as perseguições e urdiduras sórdidas feitas por aqueles que se comprazem na ignorância da verdade, a serviço da insânia.

Ainda hoje prossegue, aparentemente vencedor em muitos tentames contra o bem, o progresso, as ações de enobrecimento...

Os cristãos novos, os espíritas, que estão tentando seguir Jesus e trazer de volta as Suas incomparáveis lições, são hoje o seu alvo preferido.

Odiados pelos estranhos e perseguidos por companheiros da mesma grei, são crucificados na calúnia, na zombaria, na desmoralização, nos enfrentamentos difíceis, a fim de que abandonem a seara, que ficaria despovoada, e a sua sementeira logo pereceria por falta de cuidados.

A habilidade das Trevas é incomum, porquanto, usando da inteligência direcionada para os seus fins macabros, sempre encontra instrumentos próprios para alcançar os objetivos a que se dedicam. Esses instrumentos estão no íntimo das criaturas, e são as suas imperfeições morais, que se tornam fáceis de manejo seguro por elas, atendendo aos objetivos nefários a que são aplicados.

Ademais, enfrentando os médiuns, que são mais sensíveis, criam-lhes situações vexatórias, transmitem-lhes ideias pessimistas, temerosas, despertam-lhes a desconfiança e a suspeita, afligem-nos...

Concomitantemente, ameaçam-nos diretamente, agridem-nos, atormentam-nos...

Se estás a serviço de Jesus, na Doutrina Espírita ou onde for que te encontres, não te deixes amedrontar pelos desafios que se te apresentem superiores às forças. Com a oração e a vinculação ao Mestre, nada é mais do que o amor que te sustenta em todas as ocasiões.

Se for necessário, sofre em silêncio, desculpando aquele que te crucifica, porque ele também está crucificado pelas Trevas, embora não se dê conta neste momento...

Ainda não chegou a tua hora de libertação e tudo quanto te aconteça de doloroso e afligente, mantém como o resgate que te é necessário, avançando, jovial e feliz, porque estás sob o assédio não vitorioso do mal.

Persevera no labor, porque isso logo passará, e aqueles que se te fizeram adversários também serão convidados, no momento próprio, à renovação e ao trabalho autoiluminativo, enquanto estarás em ascensão.

O Espírito do mal somente será vencido pelo Espírito do bem, que é Jesus Cristo.

30

ENQUANTO É OPORTUNO

Multiplicam-se, incessantes, as oportunidades de crescimento espiritual.
Diariamente, o ser humano pensa quase uma centena de milhar de vezes. Nada obstante, na maioria delas deixa-se fixar apenas naquelas de natureza perturbadora, depressiva, negativa.

Com certa morbidez, cultiva lembranças amargas, acontecimentos desagradáveis, ocorrências penosas, que são perfeitamente naturais na existência de todas as criaturas.

Como efeito, experimenta mais desconserto emocional que bem-estar, quando poderia deter-se nas expectativas otimistas, nas evocações agradáveis, bendizendo a vida e agradecendo-a.

Acometido por enfermidade de qualquer natureza, logo tomba no desencanto, piorando o quadro com altas doses de pessimismo, como se a dor fosse destinada somente às outras pessoas.

Se a morte lhe visita o domicílio, entrega-se ao desespero, evocando o ser querido no período da enfermidade ou quando ocorreu o acidente fatal, quando deveria recordar-se de todos os dias bons que fruiu ao seu lado, das conversações edificantes, dos períodos de programações formosas, das horas de encantamento que não foram poucas...

Há um certo masoquismo, uma necessidade de inspirar compaixão e de cantar a infelicidade, quando todos os fenômenos existenciais contribuem para o aprimoramento moral e espiritual a que todas as criaturas se encontram sujeitas.

A vida sempre se apresenta conforme anelada no mundo interior de cada um.

Evidentemente, existem provas e expiações que devem ser experienciadas, porque são resultado de comportamentos irregulares em existências passadas. Apesar disso, a disposição para ser feliz, para utilizar-se bem do recurso reeducativo, raramente é aceita, mais complicando o desempenho do que o solucionando.

Ninguém há que se encontre na Terra sem o apoio da Divindade, que não cessa de brindar o ser humano com excelentes concessões de alegria e de harmonia de viver.

A opção de ser feliz é de cada indivíduo. Existem pessoas em grande penúria econômica; no entanto, em paz interior, enquanto outras se refestelam nos banquetes da posse e do poder, resmungando mal-estar e vivendo com estresse e amargura. São incontáveis aqueles que desfrutam de saúde e a desperdiçam nos esportes radicais, caminhos rápidos para suicídios indiretos, em noites de orgia, na drogadição, na cólera e no inconformismo, enquanto outros, portadores de limites orgânicos e enfermidades, desfrutam a cada instante a alegria de viver, aumentando o tempo na indumentária carnal.

A vida, na Terra, é o que dela se faz. Executada uma ação, o efeito se manifestará ao primeiro ensejo, da mesma forma que, disparados um dardo ou uma flecha, já não podem ser detidos.

É uma atitude de sabedoria o aproveitamento de cada momento na programação que deve ser estabelecida para o encontro com a felicidade, que jamais se alcança a passe de mágica ou por privilégio, que não existe nas Soberanas Leis de Deus.

Cada momento é portador de significado profundo, quando se sabe utilizá-lo com eficiência.

Trabalhar, pois, em favor do próprio destino, é a missão inteligente da mulher e do homem reencarnados na Terra.

⁎

Enquanto é oportuno:

✓ Vai trabalhar na vinha do Senhor.
✓ Refaze o caminho percorrido com equívocos, corrigindo-os.
✓ Renova os pensamentos saturados de angústias e desconfortos.
✓ Recomeça o trabalho interrompido.
✓ Desperta para a realidade de Espírito que és.
✓ Exercita a paciência e a compaixão.
✓ Cultiva a esperança da saúde e da paz que te aguardam.
✓ Busca o adversário e estabelece a harmonia com ele.
✓ Disputa a honra de ser útil.
✓ Liberta-te de todas as mágoas e ressentimentos.
✓ Ora e medita a respeito da finalidade da existência terrena de breve duração.
✓ Torna-te alegre e semeia júbilos em torno de ti.

✔ Ama a tudo e a todos, porque somente o amor possui o elã mágico de plenificar interiormente o ser humano.
✔ Pensa em Deus, e busca-O nos refolhos da alma.
✔ Luta em favor da libertação das tendências inferiores.

És filho da Divina Luz para onde rumas.

Possuis no íntimo a chama original que deves vitalizar com os combustíveis nobres da boa moral, dos pensamentos elevados, dos sentimentos superiores, das aspirações enobrecedoras.

Rogaste pela oportunidade do renascimento na Terra, assim como és, conforme te encontras, cercado pelos desafios necessários à ascensão aos Altos Cimos da vida.

Não te queixes, portanto, do que aparentemente anotas como falta, agradecendo o que possuis em demasia, e que noutros significa escassez.

Evita a perturbadora busca dos teus direitos, compreendendo que está no momento de atenderes aos teus deveres, que se encontram aguardando pela tua ação decisiva.

Não reclames do mundo nem das pessoas, porquanto tudo o que defrontas é conforme tu mesmo elaboraste ao longo das experiências transatas.

Não estás constrangido a ser feliz ou desditoso, considerando que serás, no entanto, conforme a tua opção.

Os rios correm na direção dos mares e oceanos até alcançá-los, assim também as criaturas humanas avançam no rumo da plenitude que as espera.

Não te abandones, desse modo, aos conflitos perturbadores que defluem da insegurança emocional, da desconfiança em relação à Misericórdia de Deus, o Excelso Pai.

Libertação do sofrimento

Em qualquer circunstância da tua jornada terrestre, sê tu quem ama, quem serve, quem leciona bondade, quem esparze ternura. O mundo sofre de escassez de ternura e de benevolência. Colabora para que diminua essa carência.

Adquire a certeza de que a vitória do amor no mundo é inevitável, e antecipa-a, nunca revidando mal por mal, pois que somente o bem é de duração eterna.

Assim, perdoa sempre e sem cessar, porque o ressentimento é veneno que se ingere, pensando-se na morte do outro, mas culminando na autodestruição...

Se tens carência de amor, ama!

Se tens necessidade de compreensão, compreende!

Se tens urgência de receber bondade, sê bom para todos.

Se tens anseios de companhia, faze-te companheiro dos solitários.

Se tens desejos de paz, sê pacífico e pacificador.

Se queres libertar-te do sofrimento, aceita-o em confiança irrestrita em Deus.

A vida devolve conforme recebe.

Enquanto é oportuno, pensa na desencarnação, aguardando-a com tranquilidade, a fim de que, no momento em que se anuncie a tua libertação, à semelhança da ave enjaulada, possas, jubiloso, ganhar o espaço na direção de Jesus, que é o caminho para Deus.

Anotações

Anotações

Anotações

Anotações

Impressão e Acabamento
Bartiragráfica
(011) 4393-2911